江戸の性愛術

渡辺信一郎

新潮選書

江戸の性愛術・目次

第一章　遊女の性技指南書に見る秘技

第四章　江戸のバイアグラ

江戸の性愛術

第一章　遊女の性技指南書に見る秘技

一、『おさめかまいじょう』について

『おさめかまいじょう』は、遊女の性技指南書である。序文には「宝暦二年（一七五二）霜月」とある。

それが写本で伝承され、文末に筆写した年と月が四つ並んでいる。最初が「宝暦九年（一七五九）正月」であり、次の人が写したのは「明和七年（一七七〇）如月」、続いて「文化三年（一八〇六）桃月」となっており、最後は「文化十年（一八一三）正月」である。道後で遊女屋として成功を収めた人が、女体を商売の具とするための、門外不出の秘伝を記録したものであり、それを綿々と筆写で受け継いだ子孫は、金科玉条として家宝にしたものであろう。

江戸の吉原遊廓などとは違って、男客の気を魅《ひ》くような奉仕をせざるを得ない一遊女屋であるため、単に男に気を遣《や》らせるだけでなく、経営者としての配慮が随所に窺《うかが》える。年代から見て、江戸の中期の性愛文化の極致であると言えよう。

その内容を読むと、まさに恐るべき書である。女体を商品とするために、普段の養生から始まって、交合で男を籠絡《ろうらく》する秘技を伝授しながらも、女体が損なわれることがないようにという注意事項にも遺漏が無い。娼婦と男客が密室で行う交合の凄まじさも描かれ、男の放埓《ほうらつ》な要求にも応じる具体的な法が説かれている。特大の男根を受け入れる心得、ふにゃまらでも射精しないと

遊女たちの日中の様子
三代歌川豊国画『廓の明け暮れ』（安政頃―1855頃）
鏡を前に身支度の女、着衣している女、禿に物を頼んだ女、灸治している女たち、屏風の陰には病の女たちがいる。医者に容態を診てもらっている。左端で煙管を突いているのは遣手である。

満足しない男根の取扱い、包茎の男根の籠絡の仕方、肛交を受ける際の技法、口唇を使って射精させる法、「ぬか六」「ふか七」（抜かず六交、拭《ふ》かずに七交）を受容する技法、男によって使い分ける様々な体位、はては女陰の実技として、金柑の実を挟んで器にいれる、豆を挟んで器に移す、芋の餡《あん》を切る、筆をくわえて文字を書くことなども修得させる。

現代人がおよそ思いつく全ての性技が網羅されている。驚嘆絶倒の珍奇な書である。手元にあるのは、好豆書肆太平書屋蔵版（平成四年皐月八日。二百部排印）の小活字本である。簡単な解説が施されているが、読解や全解釈は未了である。いまここに、現代人に初めて公開される訳である。題名の『おさめかまいじょう』であるが、校訂者は、

遊女を教育し管理する、吉原遊廓のやりて職のような者の称をおさめに当てたか。かまうは、面倒をみる、じょうは条で、一くだりごとに書き分けた文、箇条書。

と捉えている。小生は「おさめ」は統治・監督・管理の意味だと思うが、それを踏まえて、技・業のことであると考える。「かまう」は指導するの意であり、全体的に遊女としての男客への対応の仕方の秘伝なのである。同書の序文の終末に、

商いはんじょうは、一に、男衆をして喜ばす事に尽きるなり。然れども、その基は、おなごをして、いろいろ習わしめ、丈夫に長持ちさせるに尽きるなり。

とあり、同書の表題を現代流に書き直せば、「秘技指南書」ということになる。挿絵は全くない。随所に挿入した絵は、読者の想像の一助のために、筆者が独自に選定したものである。

二、新入りの女の女陰検分と水揚げ

『おさめかまいじょう』の第一章は、「ぼぼ知らずおなご、ならいかまいの事」である。新入りの女は交合器としての自分の性器には無知なので、その習練をさせなければならないのである。具体的には、女性器の検分と水揚げの要綱である。まず、次のように始まる。

在より、年期奉公証文を交し、前借にて来るおなご、凡そ若くして、又、痩《や》せて貧相なり。姫買人より売渡し証文にて来るおなごも、又同じなり。このおなごには、初め、いかつくす可《べ》からず。先ず、めくばりに応えて、飯をたらふく、づつなく食わせる。

女の居所から「年期奉公」の契約で、前借金を貰って女郎奉公に来る女は、およそ十五、六歳くらいであり、食料も十分ではないので、痩せて貧相であると言う。また女の売買を専門に行う女衒《ぜげん》が連れて来る女も、同様であると言う。当時の低所得階級（主に農家である）の悲惨で貧しい実態が汲《く》み取れる。ここに売られて来た女であるが、手荒な扱いはせずに、その要望に応じて飯を無制限に食べさせるとしている。川柳にも、

生薬屋《きぐすりや》女衒のそばで五両取り（明四義2）

田も畠も水にとられて流れの身（八二20）

などとあり、当時、貧しい家庭に生まれ育った女たちの薄幸な境涯が推測される。食事については、次のように述べる。

飯は麦飯に豆を砕きたるもの、又、アラメを細く切ったものを混ぜたものなり。これ即ち体の為なり。疲れを取り精をつける。菜は時来、はやりの胡麻《ごま》、菜種、又、昆布を常にあえて作らせる。これ即ち、腹持ちよく辛抱強きなり。はんばには、何人も、新入りの飯食い、物言い、姿形を見ざるよに応えしむ。只に、飯をよく噛《か》み食わせ、一刻を休ませて、つけ部屋に入れる。

主食は、粉砕した豆と細切りのアラメを混ぜた麦飯である。この飯は、「疲れを取り精をつける」効果があると言う。惣菜は、季節に合わせて、胡麻や菜種、昆布である。植物性の油脂と海草なので、腹持ちがよくスタミナが保たれる。そして、厨房には何人もの新入りの女を入れ、食事や雑談を自由にさせ、その様子が経営者の目から見えないようにする。唯一の注意事項は、飯をよく噛ませることである。二時間ほど、身も心も寛《くつろ》がせてから、自室に誘導する。ここから、娼婦としての習練が始まる。

おさ、決して不用の事言う可からず。立って、ししをするよに、けつをまくれや、と言いつけ、けつとちゃを見る。けつとちゃの間、二寸五分位がよく、狭きは下付き、広きは上付きなり。見極めて、ねきの布団を敷けや、と言いつけ、寝ろや、と言いつける。おさ、素早く前の合せ着をめくりて、おちゃにまらを当て入れる。根元まで入れるは、決してすまじき。抜き差し、二三十で抜く。又、気を遣《や》る事、決してすまじき。まら、根元まで入れざる、気を遣らざるは、大事の商い事なり。

遊女の管理をする主人は、決して無駄なことは喋《しゃべ》らずに、部屋に入るとすぐに、「立小便をするような姿勢で、着物の尻をめくれ」と指示して、女の肛門と性器を観察する。肛門と性器の間隔は二寸五分位（約七センチ〜八センチ）が最適であると言う。さて、この二寸五分をどう解釈するかが問題である。当時の色道指南書を見ると、女陰の空割《そらわれ》（陰裂）は約三寸（九センチ〜十センチ）としている。そこで、「けつとちゃの間、二寸五分位がよく」というのは、蟻《あり》の戸渡《とわた》り（会陰《えいん》）の距離ではなく、肛門と実《さね》（陰核）の距離であると思える。この間隔が二寸五分位が標準で、これより狭いと「下付き」の女陰で、性能としては下品《げぼん》ということになる。「下付き」の女は、接する男が腰を下げ気味にしなければならず、奥までの挿入が出来にくく、抜き差しも男根が上向きに折れ曲がるので、快適な交合にはならない。二寸五分以上もあるのは「上付き」の女陰で、上品《じょうぼん》とされている。

臍《へそ》へ引《ひ》っついているので旨《うま》がられ（安八宮3）

「上付き」の女陰は、交合に際して男は腰を落とさずに容易に深く挿入でき、男にとっては快適な姿勢で対応出来る。したがって、「上付き」の女は客付きが多く、遊女屋としては商品価値が絶大なのである。

この「下品《げぼん》」「中品《ちゆうぼん》」「上品《じようぼん》」の視察を十分に行ってから、観察上のランクを付ける。そして「就寝用の布団を敷けよ」と指示し、「寝ろや」と命じる。女が横になると、主人は素早く女の着物の合わせ目をめくって、女陰に己の男根を当ててぐっと挿入する。その時、男根の根元までいれることは、決してしてはいけない。ただ抜き差しを二、三十回ほどして抜去する。その際、抜き差しで快感を覚えても、決して射精してはいけない。この男根を根元まで入れないことと、射精をしないことは、女が大切な商品だからである。主人の男にとっては、この女が娼婦として稼げるか否かの見極めをするのが本務であるから、なぐさみに女に挿入するのではなく、商品鑑定の理性的な行為なのである。それと同時に、未通女の場合は、この鑑定行為によって「道をつける」という重要な機能もあると思われる。続いて、

終って、座れや、と言いつけ、このよに働きするものぞ。間割りめくばりに、よう聞けや、と言いつけ、かまいて、めくばりを呼ぶ。めくばりに預け、衣類整えさせ、新入り初身として六十日をならいとして、客をば取らせずに置く。時を見て、だな衆の好き年寄りに、初会、裏返しの二日の通しとし、揚げ代を凡そ三十日分取る。

左ページ：女陰のランク
『閨中紀聞　枕文庫』初編（文政５―1822）

新鉢　新開はいまださね伸ざる故、撮（つま）み出したる如く上にあり。度々、交合すれば上のさね伸び、両方に分かる也。

上品　上品開は小腹の形むっちりとして両方に肉あり。ぼぼ上にある故、内によく肉ありて、かたきしまりよし。

中品　中品のぼぼは、小腹長くすこし下にあり。谷あひのところにあり。このたぐひおおきものなりといふ。

下品　下品のぼぼは、はら長く一のきざめの所にて張り出で、それより下にてかくべつにひくし。後ろにまわりてあるなり。

新開 しんかい

新開とハ
まだひら
けぬまへ
の事をいふ
なりつゝみ
きもよく
下もよし
玉もよし

中の品

中品のかた
小陰長く
まへのとき
少しあり
中のところ
少しくぼみ
つゝみもよし
下もよし

上の品

上品のかた
小陰ちいさく
まへのあり
なく中の
ところくぼみ
なくつゝみ
もよく下
もよし

下の品

下品のかた
小陰ながく
まへのとき
一のきざみ
ところふかく
そとの
つゝみうすく
ひらきたる
かたち也

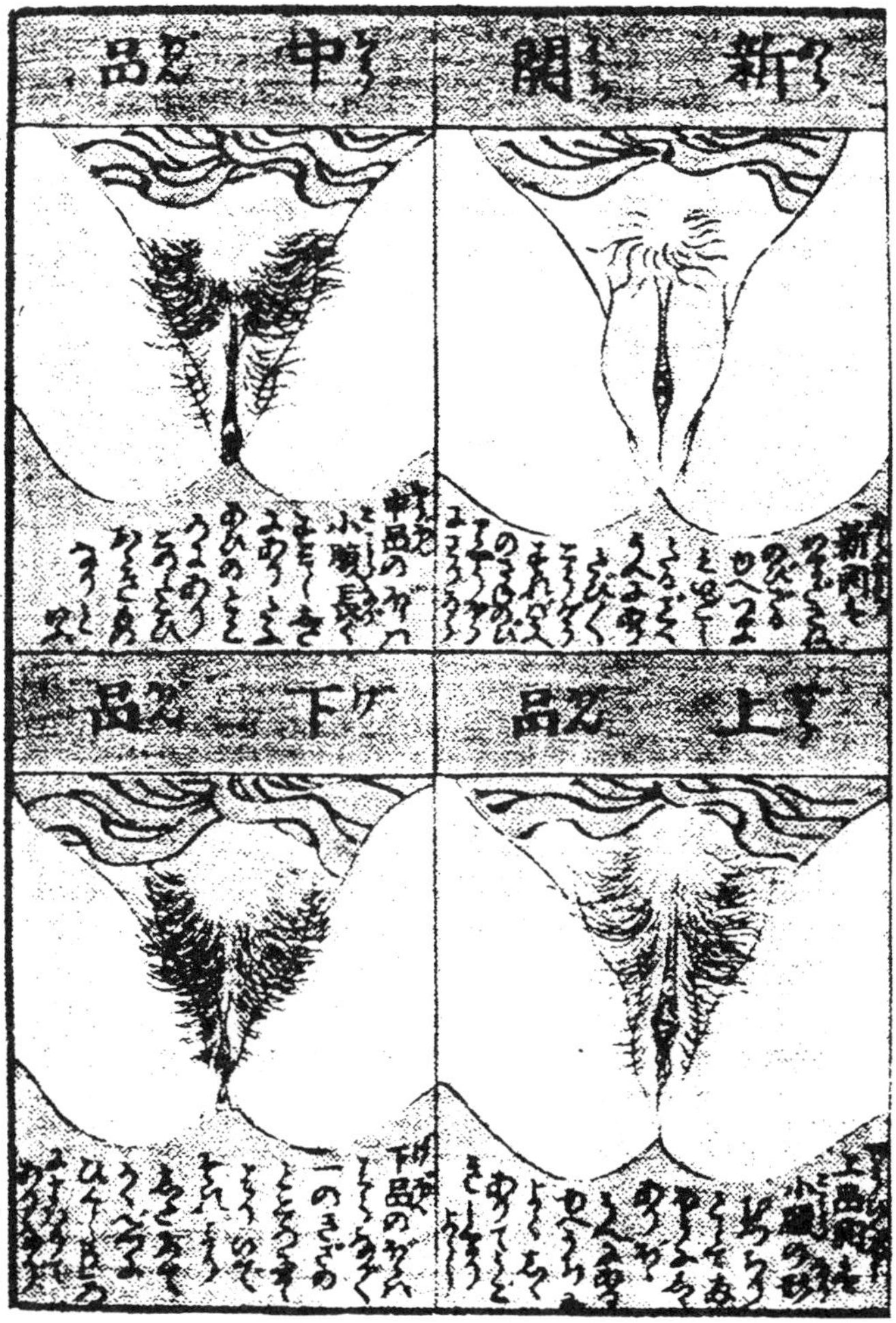

年寄りは、心得て荒き事せず、又いかつく事なし。かえって、めくばりに換るならいを、おなごにかまう。年寄り、荒き事あらば、二度と新入り初身を渡さず、又、里のうわさにす可し。このぼぼ改めと水揚げは、おやまの器量定まりて、天神、端の二つに分け、天神は、少しく芸事とぼぼおさめをかまい、端は、ぼぼかまいを専一に応えさす。殊に年若のおなご、先々、器量よしを見極めて、京に届ける可し。

女の性器視察と交合鑑定が終わったら、「座れ」と言いつけ、「ここに来たからには、毎日このような働きをするものだぞ。巡視の管理女によく聞きなさい」と言いつけ、よく教え込んでから管理女を呼ぶ。管理女に預けて、衣類など整えさせ、新入りの初女郎として、六十日間の学習をさせ、客を取らせないで置く。この期間に女郎屋の生活に慣れさせ、先輩格の姉女郎などの客あしらいなどを見聞させ、女郎屋のしきたりなどを習得させるのである。

適当な時期が来たら、旦那衆の好き者の年寄りに売り込んで、水揚げをする。娼妓の水揚げを特に好む好色な男は沢山いるものである。若い男は女あしらいに慣れていないので、経験豊富な年輩者が最適である。初めての床入りの「初会」と、二回目の床入りの「裏」をセットとして、揚げ代を凡そ三十日分払ってもらう。おおまかに計算して、一回二朱として、約四両から五両にもなる。吉原遊廓では、初めて客と接する女郎を「突き出し」と言う。

突出しは嫁入りの気でかしこまり（八三79）

とあるように、まったくの未通女ではなくとも、不慣れな床入りなので、交合への恥じらいと不安から緊張のしっ放しという状態である。

　水揚げを行う年寄りは、すべて心得ていて、手荒な無理なことはしないし、また猛々しいこともしないものである。かえって、管理女に代わって、交合の学習を女郎に施すこともあり重宝である。もしも、この水揚げの年寄り男が、手荒に行った時には、二度と水揚げをさせることはないし、さらに遊所の顧客たちに噂をばらまいて面目を失わせる。

　この女性器の検分と水揚げを行うことによって、女郎の器量（役に立つ才能）が定まるので、「天神」と「端」の階級にランク付けする。「天神」には芸事と性技を学習させ、「端」は性技だけに専念して技巧を磨く。とくに、年の若い女郎は、将来の器量を見極めて、京都の女郎屋に届けることが肝要である。場合によっては、京都で女郎の修業をさせて、また当地へ戻せば、京都くだりの女郎という噂にもなって繁盛することになる。

水揚げ
『木曽街道旅寝廼手枕』（安政3―1856）

三、男経験のある新入りの女の女陰検分

処女で女郎になる女と、交合経験のある女とでは、新入りの段階から扱い方が異なるのである。同書の項目では「男とぼぼ知るおなご、ならいかまいの事」である。

常にあり。淫奔のおなご、みきられ来るもの、又、男と別れ来るものあり。何れも選《よ》りて、若きおなごに過ぎざるは無し。商い働き知りて来るなれば、直ちに、つけ部屋に入らせ、めくばりに少しくいかつくさせ、立って、ししするよに、けつをめくれや、と言いつけ、めくばりに、けつとなぎなたを見極めさせる。

いつもあることだが、淫乱で周囲から見限られた女や、男と別れたままで来る女がいる。いずれの場合でもよく選別して、若い女であることが一番よい。女郎屋の仕事を知って来るのであるから、即座に自室に入らせ、管理者に少し手荒な扱いをさせ、「立小便をするような姿勢で着物の尻をめくり上げろ」と命じ、管理者に肛門と女性器を検分させる。このような女たちは、かえって優しく扱うと傲慢《ごうまん》に付け上がるので、非情な命令を下すのがよいのであろう。次いで、

毛多くは怪我《けが》の基。線香にて焼く。臭きぼぼは、病なくば干大根の葉、きざみ粉を入れさせる。黒く開きたるぼぼは、整える為に、くちなしの実の粉を入れさせる。何れも、ししよんべんの度に入れ換えさせる。めくばりに、日毎見極めさせ、めしをたらふく食わせ、男

娼婦たちの除毛『度々悦色の世話』（文久頃—1862頃）
毛抜きで抜いている所。この後に線香で焼いて短くする。

交りをへだてる。力仕事、はんばを、ならいさす事三十日、このおなご、えてして天神ならず。端のつき山おやまにするがよし。三十日過ぎて、再びつけ部屋に入れさせ、ぼぼとけつ、腹の緊《しま》りを見極め、その中に整いたるおなごを選り、間割りめくばりに言いつけ、ぼぼのならいをかまいさす。大事にす可きなり。

事後の洗浄
『色の掃溜』（文政期—1820頃）
切見世の娼婦

性毛が密生していると、交合に際して男の勃起した亀頭を傷付けることがある。いわゆる「毛切れ」である。膨張している亀頭の皮膚に、毛の先端が突き刺さると意外に裂傷が広がり、大傷になる。遊女屋では特に警戒している。剃刀《かみそり》で剃《そ》ることはしない。これは毛が鋭利に削がれるので、再び毛が伸びるとその先端が尖《とが》ってしまう。普通は、毛抜きで引き抜くか、線香で焼き切る法が行われる。浮世絵などにも、女郎が陰毛の始末をし合っている様子が描かれている。異臭を放つ性器の防臭法が述べられている。婦人科疾患の場合は、女郎屋ではどうしようもないから、これは女郎として落第である。臭い性器には干大根の葉を刻んで膣《ちつ》に入れさせる。黒ずんで開いている性器には、くちなしの実の粉を入れさせる。いずれも、排尿の度ごとに入れ換えさせる。それを管理女は、毎日検査をし、飯は十分に食べさせ、男との交渉をさせないように注意する。そして、台所などの力仕事を実務として三十日間させる。女郎屋に来る以前、自分勝手な生活や情欲に明け暮れた生活をしているので、これらの女たちは「天神」ではなく、「端」女郎で横暴な男客に接するような女郎にするとよい。

力仕事の三十日が経過すると、再び自室に入れ、性器と肛門、腹の締まり具合をよく視察し、その中の学習結果のよい女だけを選び、巡視管理者に言いつけて、性技の練習に専念させる。よく稼ぐ女郎にするために、この過程は実に大切なのである。次に交合に適するような交接器に仕立てる秘伝である。

おめこ大けにして、緊《ま》りなし。又たれしし直らざるは、秘伝として、灸すえる。先ず布団を巻きて、おなごのけつの下に入れ、股を開かせ、その間に、やいとすえ人座り、おめこ逃げざるようにする。さね下口のひれ左右の、ももつけ根、折れ目に、麦粒程のやいとを交互に一日十をすえる。効き目よし。雪の下の葉の上にすえる。これ即ち、や

事後の洗浄
『柳樽末摘花余興紅の花』
（嘉永4—1851）
女郎たちは、事後必ず洗浄する。手桶に湯水があり、柄杓が添えられている。「廻し開つまみ洗ひをしてはさせ」女「アア、おそろしい大まらでしやァがった。ぼぼへ湯がしみるョ、しみるヨ。ばからしい」

いと跡残らず。但し、やいと忌日を除けて三十日すえる。

「やいと」は、灸または灸点のことである。女性器が特大で締まりがないものや、空割の両側の肉が垂れているものには、秘伝として灸治を行う。まず、その姿勢として、布団を巻いたものを女の尻の下に当てがい股を開かせる。開いた股の間に灸治の人が入り、女性器が動かないようにする。陰核の下の左右の小陰唇や股のつけ根や股の折れ目に、麦粒ほどの灸を、両側交互に一日十回据える。これは効能が著しいものである。雪の下の葉っぱの上に据えると、灸の焼け跡が残らない。この灸治は忌日を避けて三十日間据え続ける。

本文は、これに続いて「京下りのおやま、かまいの事」「めくばりかまいの事」「奉公あけ近きおやま、かまいの事」とあるが、女郎屋の仕組みを知る上には絶好な資料である。核心の色道としての交合技法に進むために、割愛して先を急ぐことにする。

局部の洗浄
『諸葛孔明秘伝』（文政期―1825頃）

切見世の娼婦。排尿しながら、湯で洗浄している。トイレの中の様子が詳細にわかる。

四、強靭のまらを堪能させる技法

いよいよ交合技法に入る。「端おやま、かまいの事」の章である。

商い励み働きは、おのれが事とかまう可きなり。然し、端おやま、何より何より体丈夫が身上なり。又、長持ちするなり。紋日なりとても、時割りまら、数多く取らせば、飯食らえども疲れ取れず。時により病となる。凡そ昼に時割り五つ取れば、泊りまらを迎えさせ、折りには、宵より泊りまらをつけさせる。それ、めくばりのしつけ、つき山天神おやまのしつけなり。

商売のために励んで客を取ることは、自分のためであると悟らせるべきである。しかし、時間制で客を取る女郎は、何にもまして体が丈夫であることが、己の財産である。女郎屋の行事日である日には客が沢山来るが、それでもチョンの間の客を多く取れば、飯をいくら食べても疲労は取れず、場合によっては病を発することになる。だいたい、昼間に時間客を五回取ると、それが限度であるから、その後は泊まり客を付けさせる。女郎の疲労の状態によっては宵の内から泊まり客を付けさせる。これらのことは、管理女の職務であり、また端女郎で特技習得の女の客の取り方である。女郎は決してアクメ（オルガスムス）を感じてはいけないとされる。川柳にも、

気をやると叱られますと新造言い（安八智6）

とあり、女郎の肉体の管理上から、アクメに至ることを、女郎屋では禁止していた。そうでなくとも、五・六交を行うと女の疲労は甚だしいと言われる。それにアクメが伴うと女の肉体の疲れは甚大になる。そのため、時間客を専門に相手にする端女郎は、昼間五交を限度として、その後は泊まり客の応対をさせる。泊まり客の場合は、時間的にもゆとりがあり、交合をしても激務とはならない。その気配りが女を管理するのに重要なのである。さて、いよいよ男根の具体的な扱いの秘法になる。

強きまらに会う。酒くらいて、まら立たず。いきりて、まら立たず。何《いず》れも商い奉公働きなれば、まらたんのうさせるが、商いのこつなり。

きんたまを探りて、強きまらならば、まら根元よりしごきこする可《べ》からず。先走り水出て、まらますます強くなる。少許《しばら》くまら目だま押さえて、まら頭をこするものなり。まら頭つけ首につば塗りつけ、指にてしめるなり。きんたまよりの先走り水、呼水伝わりて、気半分出る。直ちにぼぼに入れさせ、大けに抜き差し、揺らせるなり。凡そ百程の抜き差しで、気を出すなり。然れども、強きまら、それより抜いて少許《しばら》くせば、より強くなるは必定なり。よって抜かず、まら半立のまま、おやま、けつを使いて浅くさし、九度に一度は深くさして、しめるなり。その折り、指にてまらの腹を持ち、こするなり。まら立てば大けに抜き差し揺らせ、ぼぼ締めつけ、廻してしゃくり、気を出させるがこつなり。この後、まら立たず、立ちてもおとなし。

強靭（江戸語では腎張り）な男根の対応法である。また酒に酔った男根は硬直はしないが、交合欲は絶大である。興奮し過ぎて勢い込んでいる男根もまた、硬直はせず半立ちのふにゃまらであるが、これも射精しないと満足しない。これらの男根に遭遇しても、いずれも男の性欲の充足をさせる商いなので、男根を十分に堪能させるのが、この娼婦としての役割なのである。

まず、それらの男根の場合は、睾丸《こうがん》を手で探り、怒硬直の男根ならば、男根の根元から扱《しご》いたり擦《こす》ったりするのは禁物である。尿道口から先走りのカウパー腺液が出て、益々男根は勃起《ぼっき》する。その時は、しばらく鈴口（尿道口）を指で押さえて、亀頭部を擦るようにする。

この敏感な箇所をカウパー腺の粘液のままに丹念に擦られると、男は微妙な愉悦感を覚えるものである。そして、亀頭部や雁首《かりくび》に唾を付けて、指で締めつけるのである。睾丸からの先走り水が呼び水となって、その快感が精嚢部へまで響いて、射精が半分ほど促される。それを見極めて素早く女陰に嵌入《かんにゅう》し、女は大きく抜き差しをし、腰を動かして揺らし、摩擦の度合いを深める。約百回くらいの抜き差しで、男は射精する。しかし、腎張りまらは、そこで抜去すると、少したってから再び硬直するのが常である。そこで、一度射精をしても抜かずに、半立の男根を入れたまま、女は腰を使って九浅一深の抜き差しを行いながら、膣《ちつ》を強く締めるのである。それと同時に、女は指で男茎の腹を持って擦るという補助動作を添加する。

男根が硬直したら、大きく抜き差しして揺らせ、膣を締めつけ、巴《ともえ》運動のように廻したり、腰をしゃくりあげたりして、ここで一気に射精させるのがコツである。こうすれば、その男根はも

女郎屋での事後
恋々山人『淫書開交記』第十二篇（江戸末期―1850頃）
清拭の紙が二三丸められて転がっている。

う勃起することもなく、もし勃起してもあまり交合欲は起こらない。

まことに凄まじい技法である。最初は、手技で快感を誘発させて、半ば射精を促し、次いで女陰に挿入させ、大きく抜き差し揺らす運動を百回ほど行う。そうやって射精させたら、抜去させずに続けて九浅一深の抜き差しと、手技を併用して再度の射精を起こさせる。これで、さすがの腎張りまらも堪能するということになる。

五、まら巧者の処理技法

交合をし慣れて経験豊富な男根である。中々射精をせずに女陰の感触を十分に楽しむので、娼婦たちは疲労を覚えるし、その扱いには苦慮することが多い。

まら巧者あり。おやまのてくり知り尽くしおる為なり。四半時以上、抜き差し擦るも、気を遣《や》らず、おめこ、腹づつなくなれば、先ず、大けに三四度息を吸い吐きし、腹の空気を出し、息を止めるなり。足の指先を上に立て、ふんばるなり。これ即ち、おやま気をやらず出さざるなり。それより、男の腹をけつより強く押して、おのれが腹に押しつける。その折り、おのれが腹に力を貯え、ふんばり張って腹を固くして、噓《うそ》にも気が行くと言うなり。まら、たまらず、不意に気を出すなり。

交合の巧者の男根がある。娼婦の技巧を知り尽くしているのである。三十分以上も抜き差ししても射精しないために、女陰や腹に疲労が溜《た》まってしまう。その時には手始めに、交合したまま、大きく三四度深呼吸を繰り返し、腹の空気を全部出して息を止めるのである。そして、女は足の指先を上に立ててふんばる。これはつまり、女が絶頂に至らず津液《しんえき》を出さないようにするためである。次いで男の腹を尻の方から強く押し付けて、女の腹に密着させる。その時に、女は腹に力を貯えて強く踏ん張って腹を固くして、虚言でもいいから「ええ、もう、気が行く、行く」と嬌《きょう》声《せい》を挙げて、男の気を誘発する。すると、男根は耐え切れずに、突然、射精をするものである。

現代人にも、すぐに実践・応用が出来るような技法であるが、これが二百七十年前に行われていたとは、にわかには信じ難いほどである。女が気を遣らないために、足の指を立てて全身を力ませる法、腹を固くして男の腹に密着させる法、嬌声を挙げて男を誘発させる法など、特に珍奇な技法ではないが巧みな業である。

交合拡大図
恋々山人『淫書開交記』第六篇（江戸末期—1850頃）

六、ようたんぼの半立まらに応じる法

ふにゃ気味な半立ちまらは、その扱い方が難儀である。ふにゃまらでありながらも、交合欲や射精欲は旺盛なので、それを堪能させるには特技を要する。その攻略は、次のように詳細を極めている。

ようたんぼの半立まら、気を出さねば承知せざるなり。両手にて、けつ穴ときんたまの間より、きんたまを抱《だ》かえるよに、まら先に揉《も》み上げるなり。きんたまの両ねき、股付け根を左右前後に揉みちゃぐるなり。きんたまの袋下を強く押すなり。きんたまの袋、伸ばすよに揉み温《ぬく》うにし、それを繰り返し繰り返し、皺《しわ》の出るまで擦《こす》り押さえる。この時、まらいらう可《べ》からず。即ち、まら立ちても直ぐになえるなり。凡そ、きんたま温うなれば、おめこに指を入れさせ、いらわせる。皺が出ずとも半立なれば、この時に、まら頭を締め緩めする。まらの腹を擦る可からず。まら立てば腹の上に跨《また》がり乗り、ぼぼに入れて、おめこ、まらを扱《しご》くよに下よりせり上げ、けつを前に突き上げるよにする。さねひら中まで入れたるままなれば、凡そ抜ける事なく気を出すなり。

よく勃起《ぼっき》しない半立まらは、完全に射精しないと満足することはない。そこで、女は両手を使って会陰《えいん》（肛門と性器の間の鎖状に連なった皮膚の部分）から、睾丸《こうがん》を抱《だ》き抱《かか》えるようにして、

男根を先端に向かって揉み上げる。睾丸の両根際《ねき》と股の付け根を前後左右に揉み廻し、さらに陰《いん》囊《のう》の下部を強く押すのである。陰囊を伸ばすように揉み、女の手で温めるようにして、これを繰り返し繰り返し丹念に、皺が生じるまで擦り押さえ続ける。この時に決して男根を手弄してはならない。それは、男根がたとえ勃起しても、すぐに萎《な》えるからである。だいたい、睾丸が温まってきたら、男に女陰に指を入れさせて探春させる。この時に、皺が出なくとも半立ちなので、女は手技で亀頭を締めつけたり、緩めたりして刺激を与える。決して男根の茎を擦ってはならない。男根が勃起したら、男を腹の上に跨がり乗せ、女陰に挿入させ、膣《ちつ》で男根を扱くように下方からせり上げ擦り、女の尻を前方に突き上げるようにする。下水翼《しもひだ》（小陰唇）で挟み、膣の奥までいれたままなので、ほとんど男根は抜けることはなく、男はじきに射精する。

この技法も、特に猛烈というわけではないが、男茎を硬直させるために、男茎以外の性感帯の刺激をするというのは、素晴らしい知恵である。現代の性技法でも、睾丸を軽く女の掌で包むように摑《つか》み、軽く揉むと勃起力が高まることが知られている。陰囊を手で弄している時に、男茎に触れてはいけないというのは、快感が拡散されて希薄になることを防ぐためである。もともと陰囊は男性器の冷却器の機能を有しており、これを温められ、しかも長々と揉みほぐされるのは、男茎が感得する快感とは別種の快美感なのである。

この種の男根が勃起したら、「腹の上に跨がり乗り、ぼぼに入れて、おめこ、まらを扱くように下よりせり上げ」というのは、女上位の交合体位かとも受け取れるが、それでは空割《そらわれ》の挟むという効果が無い上に、女の動きが難しいので、あえて女下位と判断してみた。

七、いきり過ぎて、萎《な》えたまらの扱い方

この技法は、女郎屋の長年の経験による蓄積なのであろうか。その詳細ぶりに度肝を抜かれる思いがする。

まら、いきり過ぎて、萎えたるが、気遣《や》らねば、殊に一切に承知せざるにより、先ず、塩茶湯を飲ませ俯《うつむ》かせ、けつの穴、上を軽く叩《たた》き、腹裏真中すじを強く押さえ、下腹に押さえ込む。上向かせ、下腹横より、両手にて揉《も》み上げ、まら横に止める。両足をあげ肩に担ぎ、太股よりきんたまに揉み上げる。きんたまの筋、両股の付け根に携《つな》がりおる為に、きんたま、股の付け根を揉みちゃぐる。下腹の小便溜まりを、払い散らす。少許《しばら》く揉み押さえ、げぶが出る。無理にししをさせ、まら腹に温い布と冷たい布を、交互に巻き付け、まら頭に唾付《つば》け、そろりそろりと撫《な》でる。少しくまら立てば、間もあらず、まらつけ首に唾塗り、つり皮を擦《こす》るなり。まら立ち、ぼぼに入れなば、直ぐに気を出すなり。然《しか》し、気を出しても、それには承知せぬ故に、直ぐにぼぼにまら入れても断りて、男にけつ使わせず、おやま深く差したまま、ゆるく大けに廻し置き、抜き差しはせぬものなり。まら堪能せば、まらに大けに抜き差しさせて、気を遣らすなり。

男根がいきり過ぎて、かえって硬直しないのは厄介《やっかい》であり、完全に射精しないとまったく承服

しないので、これには様々な手技を施す。先ず、男に塩茶湯を飲ませて俯きに寝かせる。そして肛門の穴の上を軽く叩き、腹の裏の真ん中の筋を強く押さえて、下腹部の方に向かって指圧する。それから上向きに寝かせて、下腹の横から両手で揉み上げて、男根の横までで止める。次いで男の両足を上げさせて、女は己の肩に担ぎ、男の太股から睾丸に向かって揉み上げる。睾丸の神経筋は、両股の付け根に繋《つな》がっているので、睾丸と股の付け根を丹念に揉む。さらに下腹部の膀胱《ぼうこう》辺りを手で掃《は》くように撫で散らす。

少許《しばら》く揉み押さえていると、男は腹中のガスがこみ上げて噫《おくび》（げっぷ）が出る。そうしたら、無理にでも小便を出させ、その後、男茎に温い布と冷たい布を交互に巻き付け、亀頭部に唾を付けて、そろりそろりと撫でる。少し男根が硬直したら、即座に、雁首《かりくび》に唾を塗り、その下部の包皮小帯を擦るのである。そうすれば、男根は緊《かた》く膨張するので、直ぐに女陰に入れると直ちに射精するものである。

しかし、この種の男根は一度射精しても、それだけでは堪能しないので、直ぐに挿入した場合でも、男に言い含めて、男に腰の運動をさせずに、女が男根を深く差し込んだまま、緩く大きく回転運動をして、前後の抜き差し運動はしないものである。男根に女陰との密着感を堪能させてから、しばらくして男根を大きく抜き差しさせて、一気に射精させる。

男に塩茶湯を服用させたり、肛門部や腹の神経筋、太股の付け根など、性感帯の要所を指圧したり、撫でたり、掃いたりと、様々な秘法が述べられている。そして、筋の指圧や按摩《あんま》の果てに、体内のガスの発散や排尿という生理学的な処置が行われるなど、なんとも凄まじい処方である。

男茎への温湿布や冷湿布の刺激も、効果的であり、特に緊迫している亀頭の包皮小帯は敏感な部位で、性的な刺激には鋭敏に反応する。そして、膣の感触を男根に十分に味わわせるためには、男の性急な抜き差し運動ではなく、深く挿入したままの女側の緩慢な回転運動が適切である、という実践は貴重である。

八、すぼけまら（包茎）の扱い方

日本民族は、欧米人に比べて包茎率が高いと言われる。包茎でも真性包茎は交合が困難であるらしいが、仮性包茎は勃起すれば包皮が剝《む》けるので、交合は可能であるとされる。しかし、常に亀頭を包皮が被っているから恥垢《ちこう》が溜まりやすく、不潔になりやすいという。それらの諸事情を熟知した上で、その交合技法が述べられる。

すぼけまらあり。まら立ちても皮かぶりにして、まら頭出さず。常のまらより小さし。然れども、このまら中々に気を遣《や》らず。用心しろや。尋常に受けては、ぼぼひら痺《しび》れて働きならず。このまら、よくよくまら滓《かす》溜まり、臭き故に、よく立てやと言いて、ぬるい酒の燗冷《かんざ》ましに湯を混ぜた碗に、まらを浸け、片手でまら腹を握り、片手でまら首とつけ皮を揺する。つけ皮を浮かせて皮を廻すようにして、まら頭の目を軽く叩く。まらつけ皮の滓、溶けて出れば、椿油を指先に付け、皮の中に入れながら、つけ皮の筋を上下に擦《こす》り揉《も》む。まら首に入れば、赤黒く張りても軽くなり、半剝けになる。まら首まで中々剝けざるに、そのままぼぼに入れさせ、けつ穴明けて、ぼぼを開いて、さね下にまら首をつっかえて抜き差しし、けつ使う。すぼけまら、えてして男がけつ使い、抜き差ししても気が出ずなり。ぼぼ奥に入れ、又浅くして、まら首を締めるがよし。深くして、ぼぼ芯に当てるがよし。少許《しばら》くして、まら痛

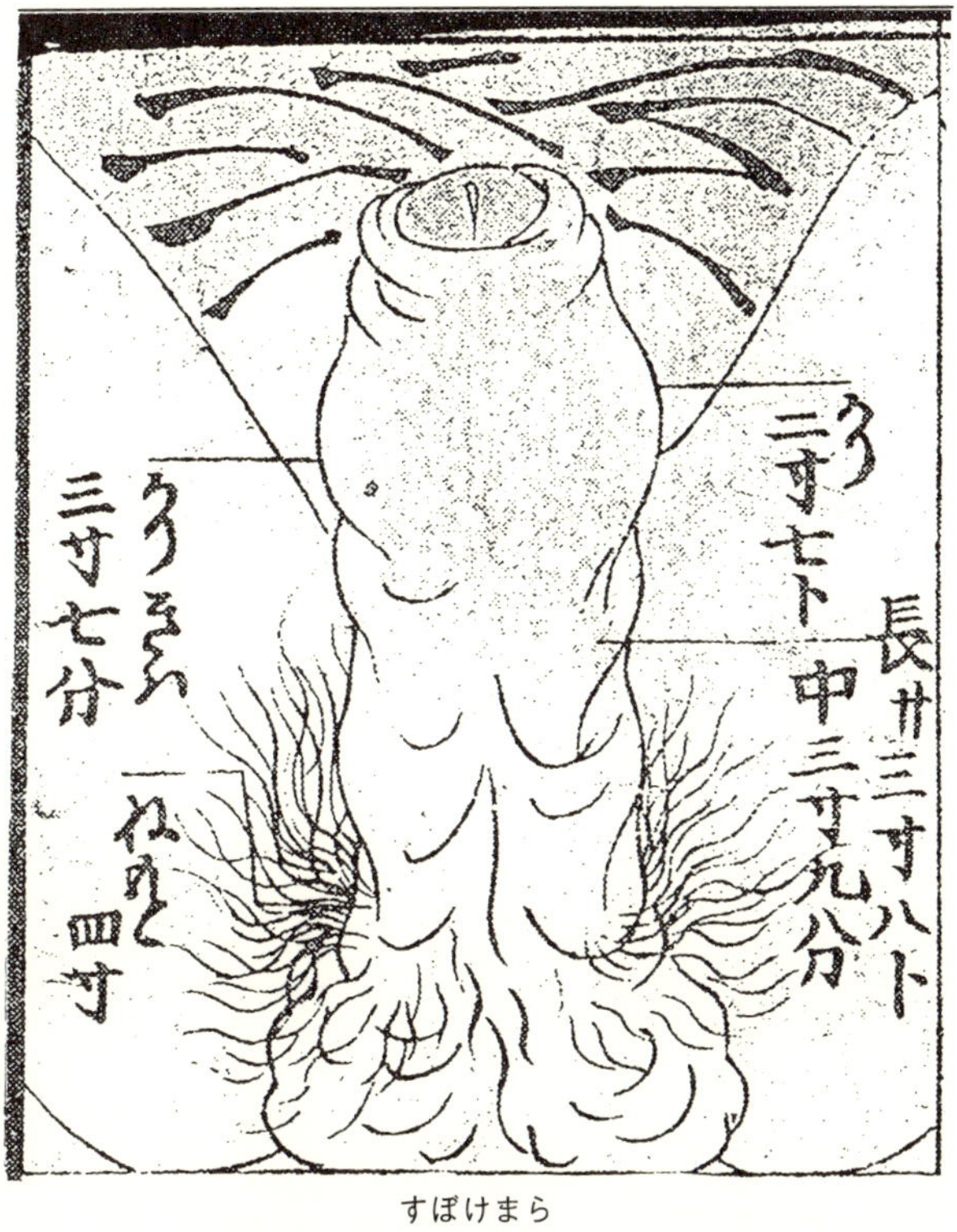

すぼけまら
『閨中紀聞　枕文庫』初編（文政５—1822）

し」と言えば、先走り水出て後、百程にて気を出すなり。

包茎の男根に出会うことがある。男根が硬直しても包皮状態なので、亀頭が露出しない。こういう男根は普通よりも小さいのが常である。しかし、この男根は中々射精をしない。女は十分に気を付けなさいよ、と命じている。尋常に挿入すると、女性器の大陰唇が痺れて交合が出来なくなるからである。

この男根はたっぷりと恥垢が溜まっていて、臭い匂いを発するから、「きちんと勃起《ぼっき》しなさい」と言って、その勃起したものを、温い酒の燗冷ましに湯を混ぜた碗に漬けて、女は片手で男茎を握り、他の片手で亀頭と包皮を揺する。包皮小帯を剝《は》がして、皮を廻すようにして亀頭部の鈴口を軽く叩く。すると、雁首《かりくび》辺りの滓が溶けて出る。

そうしたら、椿油を指先に付けて皮の中に入れ、亀頭の包皮の筋を上下に擦り揉む。雁首に椿油が浸透すると、赤黒くなって緊張しても余裕が出て、半剝けの状態になる。雁首までは中々剝けないが、半剝けのまま女陰に挿入し、女は肛門を開き加減にし、女陰も開いて陰唇に亀頭を突き当てるような感じで、抜き差しをし、女は腰をしっかりと動かす。

包茎の場合、どうかすると、男が交合運動をして抜き差ししても、射精までは至らないのが常である。女が能動的に動きながら、膣《ちつ》の奥に嵌入《かんにゅう》させたり、又浅く動いたりして、亀頭部を締めるのが効果的である。

また、時には深く挿入して、男根の先端が子宮膣部に当たるようにするのもよい。暫くすると、「まらが痛い」と言うだろうが、その時は先走りの液が出る時であり、その後百回ほど抜き差しすれば、容易に射精するものである。

簡にして要を得た技法である。包茎は亀頭底部や雁首の刺激には弱いから、その辺に刺激を集中的に与えるようにする、女の側からの交合の知恵である。

九、女は精液を吸い取って滋養とする

毎日の交合運動で、女郎は体の芯《しん》を傷めているので、それを防ぐ技法があると言う。男との交合で、精液を女陰から吸い取って滋養にするという伝授である。

おやまの働きに、体を損せずは秘伝あり。即ち、まらの気をおめこ吸い取りて、おのれの体の滋養とするなり。まら、気出る時、まら震い立ちて張るなり。その折りに、おめこの心底に、まら目だま当てるなり。凡そ四ツ五ツ、叩くなり。直ちに腹空気出して、ひこめ、気を抜き、おめこ開きて待つなり。さねびらにてまら腹くわえ、締める可からず。余分の水は流れ、溜まり濃き水、おめこ心底に入るなり。これ、精、体に廻りて、丈夫となる。この為に、ぜっぴ、おやま気を遣《や》らず。即ち、精、抜けるなり。

女郎の毎日の交合生活で、体を損なわない秘伝がある。それは、男根の精液を女陰が吸い取って、女体の滋養とするものである。男根が射精する時には、男根は震い立って固く膨張する。その時にこそ、子宮膣部に男根の鈴口を当てるのである。約四、五回腹を叩いて、すぐに腹の空気を出し、腹を引っ込めて気を抜き、女陰を開いて待つのである。膣口で男茎をくわえ、決して締めてはいけない。不要な液は流れ出て、溜まっていた濃い精液が、女陰の膣の心底に入る。これは精液の滋養分が体に廻って、丈夫になる基である。このために、女郎は絶対にアクメに至って

はならない。アクメに至れば、精液の滋養が抜けるのである。

さて、現代の性常識から考えていかがであろうか。女が男の精液を膣内に受けると、乳首が黒ずむことは知られている。したがって、精液の何らかの成分が女体に影響を与えることは確かであるが、滋養となるとまで断言出来るであろうか。常時、交合に励んでいると、女体の内分泌が促進されて、ホルモンも豊富になり、肌艶《はだつや》もよくなると言われるが、この辺の機能を言っているのかも知れない。

一〇、絶大な馬まらには口と舌を使う

超特大な男根は、俗に馬のようだと言われるが、そんな男根の攻略法が述べられる。これも素晴らしい秘技であり、現代人もその秘法は傾聴に値する。

太き大けな馬まらありて、立まらのままでは、所詮《しよせん》ぼぼ受け入らず。当てがいて、断りて、先ず両手にて揉《も》み上げ、まら頭に唾付け、つり皮ねきを擦《こす》り、ますます太く大けにさせ、いかつくさせるなり。凡そ、赤黒くなりたる時に、口にくわえ、男にけつを使わせ、おのれも口びらにて締め、舌先にてまらめだまを押さえる。凡そ、百程にて先走り水出て、口の中に溜まる。それ、拭く事すまじき。そのままにて百程頬張れば、気を遣《や》るものなれば、まら震い立てば、喉元《のどもと》の奥にまらめだまを深く入れさせ、口びらでまら頭を締め上げるなり。気を出せば、三四度まら腹より吸い取るよにする。然《しか》れども、まら柔《や》ろくなりても、いっかな力抜けたる、気の出よで無し。為に、その半立まら、直ぐにぼぼに入れる。即ち、まら腹撫《な》で摩《さす》り、おのれのけつの穴明くよにして、指でさね下びらを開けるなり。さね下びらの中に入れば、なおもまら腹を叩くよに擦れば、まら半分以上入る。まら立ちても根元まで入れるは、おめこ怪我する事もあるにより、常にまら腹を持ち、抜き差し擦らすなり。ぜっぴ、まらの上乗りはすまじき。

口取りの画
西川祐信画『逸題名』（元文頃—1736頃）
江戸初期には、すでにこの性技が行われていた。

太くて巨大で馬のような男根があって、勃起したままでは、結局女陰に受入れは不能である。当てがってみて、これは無理と分かれば理由を言ってから、先ず、両手で揉み上げ、亀頭部に唾を付け、雁首《かりくび》の皮の根際を擦り、益々太く大きく勃起させ、猛々しくさせる。

だいたい赤黒く怒張した時に、女はそれを口にくわえ、男に腰の運動をさせて抜き差しし、女も唇で締め、舌先で男根の鈴口を押さえる。約百回ほど抜き差しすると先走りの液が口中に溜まる。それを口から吐いたり拭き取ったりすると、男の快感が中絶されるから、決して拭き取ってはならない。

そのままで、あと百回ほど頬張っていると、射精するものなので、男根が脈立って震い立ったならば、喉元の奥に男根の鈴口を深く入れさせ、唇で男茎を強く締め上げる。精液を噴射したら、三四度、男茎から精液の残りを吸い取るように口を操作する。しかし、男根が柔和になっても、どうしても力が抜けて精一杯射精をしたような状況ではない。そのために、その半立まらを直ぐに女陰に入れる。つまり、男茎を撫で摩り、おのれの肛門を開けるようにして、指で膣《ちつ》の入口を開けるのである。

膣口の中に男根が入れば、なおも男茎を叩くようにして擦ると、男根は半分以上も入る。その時、男根が硬直しても、根元まで挿入すると、女陰が怪我する事もあるので、常に男茎を手で持ち、深く入らないようにして抜き差しをして、擦る。絶対に男根の上乗りはしてはならない。

男の交合の欲求を熟知した技法である。江戸時代の中期に、すでにオーラル・セックスが行われていたことが分かって、興味深い。江戸末期の色道指南書には、ほとんど吸茎の技法は述べられていないが、巨大な男根を扱う際の性技として女郎が行っていたとは、まさに驚きである。女への舐陰《しいん》は、艶本にも描かれて常用されていたことは明らかである。この舐陰は、性技の一つではあるが、これは男の潜在的な欲求とも考えられる。しかし、ここで詳述されているのは、女郎が男を満足させるための役目としての醒《さ》めた技法である。

しかも、男の交合意欲をよく把握しており、たとえ女の口中で射精しても、交合の深い味わいには及ばないので、男を堪能させるには、やはり膣への挿入が不可欠ということである。唇と舌とを巧みに操って、抜き差し運動は男に行わせ、射精の瞬間には喉元深く男根をくわえ込んで先端を喉元に密着させ、その際に唇で男根の胴を締め上げるのは、素晴らしい絶技である。そして、一度射精をすれば、男根も少しは軟弱になるので、女は肛門を開くようにして指で膣口を引き開けて、男茎を擦りながら入れると、男茎の半分くらいは入るという。

この巨大な男根は根元まで挿入すると、女陰が裂傷などを被《こうむ》ることもあるから、男茎を手で持ち、そこを限度として深く入らぬように工夫するのである。このような男根には、決して女上位で接してはならないと示唆している。

一一、女郎の「気を遣《や》る」のを止《と》める技法

専ら交合を商いとする女郎は、アクメを感得することもあるだろうが、一日に数交もする時には、これがいちばん体に応えると言われる。素人女の場合でも、連続五、六交すると、腰が抜けて立てなくなるという。女郎のアクメについては、次のような指導がある。

おやま常に気を遣らざるよに心掛け、精、損なう可からずの処、月厄あけ、悪血出て、ぼぼ鬱血となれば、おちゃ緊《しま》り、腹、けつ軽くなる。昼夜の泊り等ありて、おのれ知らず、かまわず気を遣る事あり。これ、泊りのまら、堪能結構。折りには、おのれの身の為なり。朝より、まら受け度々重なり、おのれ知らずして、気遣る心地なる時、夜なり働きある為に用心しろや。ちゃっと、ししと言い、ししをし、ぼぼを冷やし、さね下、けつ穴の間を強く押さえて、下腹をさするなり。精、こらえて下りず、元に戻るなり。

これも、女郎屋を運営した長年の経験からの学習である。技法というよりも、日常の健康保持のための養生訓であると

大店の女郎屋の風呂場とトイレ
三代歌川豊国画『廓の明け暮れ』
（安政頃―1855頃）
左手は浴室で、入浴して体を洗っている女たちがいる。右手は厠で、溝に跨がっている女は局所の洗浄をしている、排泄を終わって杓子で手を洗う女、これから個室へ入る女など、女郎の秘められた生活が描出されている。

も言える。

女郎は常に交合に際して絶頂感に至らぬように心掛けて、心身の精力を損なってはならないが、月経が終わって悪血が出て、女陰の鬱血状態が取れると、女陰は締まり、腹や腰が軽やかになる。

昼から登楼して泊まりの客がある場合には、交合回数もそんなに多くないので思わず気を許して、アクメを感得する事がある。これは、泊まり客の男根の味わいを堪能することであり、それはそれで結構である。たまにはアクメを感受するのは、己の身の為になる。

しかし、朝から男根の受入れが度々重なった時に、思わず気を許して、アクメを感得しそうな状態になる場合は、その日の夜の客の受入れがあるので、用心したほうがよい。そういう時には客に「ちょっと、手水《ちょうず》に行きます」と断って、排尿しに行き、女陰を十分に冷やして、膣口と肛門の間の蟻の戸渡りの部分を、強く指で圧迫し、下腹を摩《さす》るのである。そうすると、精力は持ちこたえて下に降りずに、性的興奮が抑えられて普通の状態に戻るものである。

女の場合、月経前後に性的興奮があると言われる。したがって、アクメを感じやすい時やアクメを欲する時がある。その時には、己の商売の状態を見極めて、性的興奮を鎮めなさいという伝授である。

一二、馴染《なじ》みまらに応じる技法

「馴染みまら」とは、その女の女陰の様子や状況をよく知っている男の称である。女郎と慣れ親しんで、交合回数も重なって来ると、女の月経の時期や女陰の円熟している時期など、手に取るように分かるという男客がいるものである。そんな男はえてして享楽的で、湿深《しつぶか》（江戸の遊里語。手技や舐陰《しいん》を執拗に行う客）である。まともに対応していると、女の疲労が重なるので、それを相手には気付かれないようにいなす技法である。

なじみまらあり。わだれのぼぼ、よく知るなり。即ち、兼ねてぼぼいらいて、月厄あけを知る。ぼぼいらいて、さねびら赤く、さね下緊《しま》る。又ぼぼどて丸くふくらみて、肩柔《や》ろこなり、ぼぼさすればば巧者もん知りて、両足を肩に乗せ、ぼぼねぶりして呼水し、乳揉みちゃぐり、下腹どて擦《こす》るなり。まら立て入れ、抜き差し緩くしゃくる。おちゃ痺《しび》れ切れるまで、廻し深く差し入れるなり。ぼぼ堪《たま》らずとなるも、大息吐き吸いして、舌を出し、ぼぼ締め切らず、けつ穴開けて堪《こら》えるなり。抜き差し二百程にて、嘘に息忙《せわ》しくして、男の太股内を摑んで、擦り上げる可し。まら、たまらず気を出すなり。

馴染みの男根がある。自分の相手の女郎の女陰を熟知しているのである。つまり、以前から女陰を手で探って、その感触によって月経終了などを知っている。女陰を手で弄《ろう》して、陰唇が赤みを帯び、膣口辺りが締まっているのを感知する。又、空割《そらわれ》の両側の土手が、丸みを帯びて脹《ふく》らみ加減になって、空割の周辺が柔らかになっている。

交合をさせると、巧者の男は女陰の味わいが一番しっくりとする、この時期を知っているから、女の両足を肩に担ぎ上げ、女陰を舐め廻し、その愛液を口に含み、乳房を揉み廻して、下腹部の股間を丹念に擦る。その上で、男根を上から真下に向かって嵌入《かんにゅう》し、抜き差しを緩やかにしてしゃくるように動かす。この運動を、女陰が痺れて感覚が麻痺するほどに、するものである。

女陰が耐えきれなくなっても、呼吸を大きくして舌を出し、膣を締めることをせずに、肛門を開けて堪《こら》えることが肝要である。そして、抜き差しを二百回ほどして、いかにも気が行くような虚偽の息づかいをして、忙しく男の太股の内側を摑んで擦り上げるのがよい。

交合拡大図
恋々山人『淫書開交記』第六篇（江戸末期―1850頃）

そうすれば、男はたまらず射精をするものである。

女陰の機能について、かくも明らかにしている例はあるまい。月経が明けると、女陰は赤みを帯びて、大陰唇や割れ目も柔和になり、膣口も柔軟性に富んで、男根へやわやわとした素晴らしい密着度が増すという。交合に最適な時期を知って、その頃に交合巧者の男が訪れる。話に聞いたことがあるが、女郎の一カ月の生理を知っていて、馴染み客は必ず毎月同じ頃に登楼するそうである。月経に興味のある男は、いつもその時期に来るという。本指南書によれば、月経直後から一二日後が交合最適期ということである。

交合巧者の男は、この時期を悟っており、交合に際しても、丹念に手技を行い、舐陰を施し、女の愛液を嚥下《えんげ》し、乳房を揉みほぐし、股間への刺激も怠らない。女の興奮を昂《たか》めると同時に男も淫楽に耽《ふけ》る。そして、女陰の感触を堪能するために、挿入しても抜き差しを緩慢に行い、緩く深く長時間も差し廻すのである。これによって、女陰は痺れて感覚が無くなるようになる。

女郎としては、長い取り組みは禁物なので、大きく息を吐いたり吸ったりして、口を開けて舌を出し、膣を締めないようにして、肛門もまた開き加減にする。女の技巧としては素晴らしい絶技である。抜き差しすること二百回とは、これも凄絶である。そして、女は絶頂に至ったような演技をすることになる。男は、女の絶頂の悶えに快感が誘発されるのが常である。女は虚飾の喘《あえ》ぎを繰り返しながら、男の太股の内側を擦り上げる。どうやら、女の手によるこの擦り上げが、男の絶頂を速める秘伝らしい。

一三、刺身や道具を使う男への対処法

湿深《しつぶか》の男たちの中には、性の快感を増幅させ、自分の好色心を満足させるために、様々な手だてを用いる者が多くいる。

くせもんあり。はんばより、酒、さしみを取り食らうに、ぼぼあけさせ、ぼぼ水にワサビ付け、さしみを食らう。におい粉かけやるに痛み、かいい粉を振りかける。内緒にてぼぼまら道具持込みて、ぼぼまらに使う。何れも、不埒《ふらち》なり。判れば、おやま、めくばり呼びて詮《せん》議《ぎ》し、詮議つかねば権助《ごんすけ》をして、しきたりを取らせ、おやま休みの間、捕らえて放たず。おやま、辛棒商い《しんぼうあきな》奉公《ほうこう》なれば、体丈夫が一切にして、それ許さず。おさ、きっとかまう可《べ》し。呉々《くれぐれ》も安堵《あんど》と用心しろや。ぼぼ道具は何より何より、つけ部屋にあるものの外は、使う可《べ》からずなり。

客の男の中には悪さをする者がいる。厨房《ちゆうぼう》から酒や刺身を取り寄せて食べることがある。その折りに女郎の性器を広げさせて、その液にワサビを付けて、刺身を食べる。匂粉を性器に振りかけることもあるが、それはしみて痛みを伴う。また、米の粉を振りかける事もある。また、こっそりと閨房《けいぼう》の秘具を持ち込んで、交合の際にそれを使う。これらは女郎遊びとしては道に背《そむ》いている。

舐陰『色物馬鹿本草』（安永７—1778）
男「これはうまし。かんろかんろ」

そんな秘具を持ち込んでいることが分かれば、女郎は女世話役を呼んで調べさせる。うまく行かない時には、若い者に任せて女郎屋の掟《おきて》に従わせ、女郎が休息している間は、放免しない。女郎は肉体の酷使に耐える商売であるから、体が丈夫で長持ちさせる事が全てであり、体を損なうような悪技を許さないことである。

女郎屋の主人は、必然的に面倒を見なければならない。くれぐれも主人が保証するけれども、客のそんな行為には気を付けなければいけない。交合の際に使う補助具は、必ず自室にある物以外は使わないことが肝要である、と述べる。

現代でも、膣内に刺身やその他の食物を入れ、膣液に塗《まみ》れたそれを食べるのを好む男もいたり、自家製の「りんの輪」を男根の根元に嵌《は》めて接したり、膣内にガラス玉のような物を入れて接したり、様々な戯行を行う男たちがいると聞いたことがある。男の女陰に対する憧憬《しょうけい》が、色々な屈折した実行動となって現れることがあるが、二百五十年前からこうした奇行が実際にあったことが了解される。

一四、乳房間の交合の技法

これも交合の変形として、無性に好む男がいる。乳房も女性器と同様に、女性としての象徴なので、一種のフェティシズム的な行為なのかも知れない。

ちちの大けなるおやま、両ちちに挟み、其の中にまらを入れる。中々に気遣《や》らねば、心得て両ちち持ち、ちち底までまら入れず、指をまらのつけ首つり皮に当て、ちちと一緒に擦《こす》り上げるなり。それにても気遣《や》らざる時は、両ちちの首、両ちちの中に入れ、おのれがちちを揉《も》み、ちち汁少し出して、まら受けするなり。

乳房での交合を欲する男の場合、乳の大きな女郎は、両乳房を手で挟み、その合わせ目に男根を入れる。なかなか射精に至らない時には、女は技法を用いて、乳房間の底部まで男根を入れずに、指を男茎の亀頭部裏の包皮小帯に当てて、乳房とともに擦り上げる。その摩擦でも、なかなか終わらない時には、両乳首を両乳房の中に包み込むようにして入れ、自分の乳房を揉んで、乳汁を少し出して、これを潤滑剤として男根を引き受ける。

かなり豊満な乳房でないと実践は難しいが、秘法として貴重である。両乳房だけの擦り上げでは、男根への刺激は不足気味であるから、指を補助として男根裏側の包皮小帯を擦る。

これでも射精に至らぬ時には、両乳首を両乳房の中に包み込む。乳首が突起状なので、これが男茎を擦ることになるから、特異な摩擦感になるのであろう。乳汁が出るように少し搾《しぼ》り込みながら擦り続けるのである。乳汁が潤滑剤の働きをする。体位は男上位であるから、女の胸の上に男が跨《また》がることになる。

一五、口にほおばる技法

女が男に施すオーラル・セックスは吸茎と言われるが、江戸後期の多くの色道指南書にこの技法が説かれているのは皆無である。色道指南書または色道奥義書は、男に対して交合技法を論じているので、女の具体的な技法は説かれていないのである。実際には、吸茎も行われていた筈であるが、この種の女の能動性を明らかにすることは、女の心情からは「はしたない」ものとして理解されていたように思う。

この秘伝書は女郎が男へ施す場合の行為のものであるから、かかる技法が説明されている。まことに希有な資料と言わざるを得ない。

口にてほうばる時は、定《きま》って男を寝かせ、指できんたまを揉《も》みちゃぐり、股ときんたまのつけ根を押さえ揉む。口びらで抜けざるようにまら頭を締め、けつを使わせる可《べ》し。まらほうばりて、深くは九度、浅きは一度にして、浅き折りに、まら頭、つり皮を舌で撫《な》でるなり。折りに、喉元に入れるなれば、必定、片手をまら腹に握り置く可し。

男根を口にほうばって気を遣《や》らせる時には、決まって男を上向きに寝かせ、睾丸《こうがん》を揉みほぐし、太股と睾丸の付け根を圧迫する。男根を抜き差ししても抜けないように、唇で亀頭部を締めて、男に腰を使わせて上下運動をさせるのがよい。男根を口に含みながら、深い嵌入《かんにゅう》を九回、浅い嵌入は一回行い、浅く含む時に亀頭部および裏側の包皮小帯を、舌で撫でるようにする。時には、喉元まで入ることもあるので、必ず女は片手で男茎を握っておかなければならない。

交合の補助行為として吸茎を行う場合もあるが、ここでは女が技法を用いて射精に至らせることを述べている。男を仰向きに寝かせると、女の取る位置は数通りある。一つは、男の開いた股の間に座って行うもので、もう一つは男の寝ている脇腹辺りに座して行う。さらに女が男の腹の上に乗り、逆向きの姿勢で頭を男の股の方に向け、股間を男の顔の上に持って来る姿勢である。女が男の顔の前に股を広げて乗るこの姿勢は、男が女陰を手で弄することも出来るし、舐陰することもできる。これは、69(ソワサントヌーフ)の体位であり、俗に言う「菊戴き」である。

男を寝かせて、女は先ず陰嚢《いんのう》と太股の付け根を手で圧迫する。陰嚢を軽く掌で包んで、指でその付け根の箇所を、やわやわと弱く、あるいはきゅっと強く指で押されると、男は絶妙な愉悦を覚えるものである。それを続けながら、男茎に歯を当てないようにして、亀頭部を唇で締め付け、男に上下運動をさせる。そして、口に含んだまま、深く九回、浅く一回の九深一浅の抜き差しを行う。浅い嵌入の時には、雁首《かりくび》とその裏側の包皮小帯を舌で撫でるようにする。これは簡単なようで物凄い技法である。昔、中国の娼婦で、口取り専門に行う女がいて、それらの女たちは総入れ歯にしていると聞いたことがある。行為が始まると、その入れ歯を外して男根を口に含み、歯茎の土手を巧みに使って射精に至らせるという。

男のあらわな欲求に応じるための、あらゆる技法を纏《まと》めた同書には長年の経験の蓄積が凝縮されている。男茎に決して歯を当てないこと、九深一浅の運動をしながら、舌で敏感な包皮小帯を

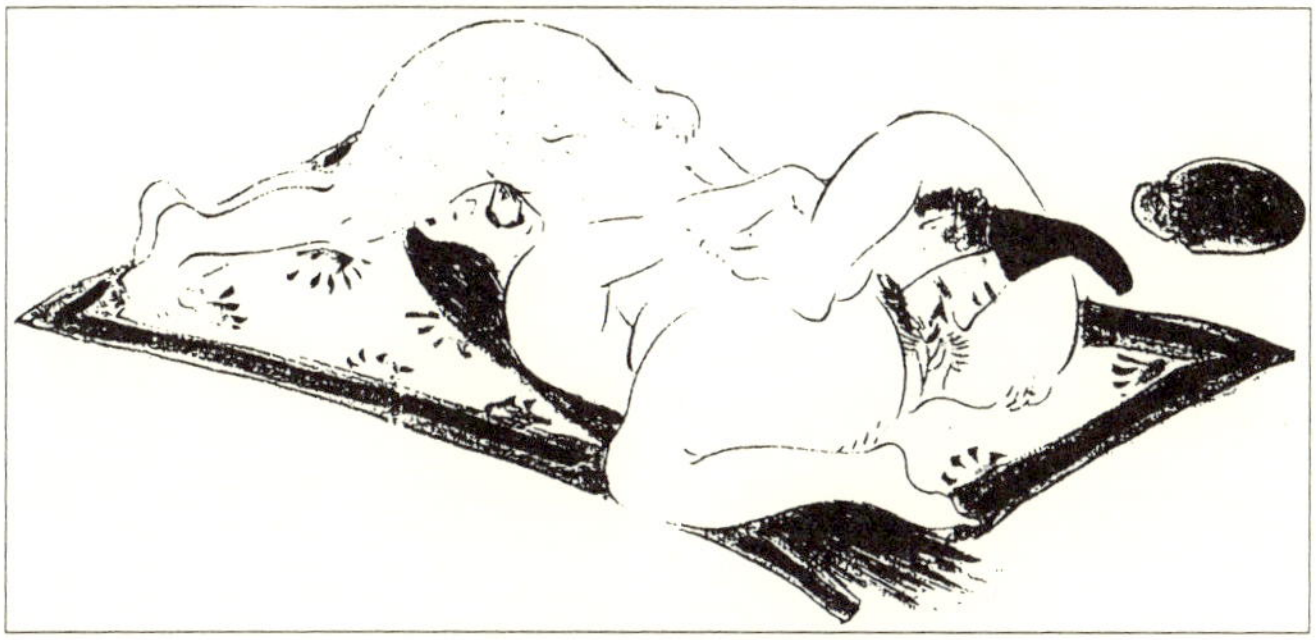

巴取りの図
『鳥羽絵戯画帖』（幕末—1850頃）
吸茎と舐陰

撫でるのは、熟練の技である。男は、女陰との交合とは一味違った快美感を感得することになる。さらに物凄いのは、抽送している時に思わず男根の先端が咽喉《のど》の奥に突き当たることがある。

男はそれでも一向に構わないが、女は突然の嘔吐《おうと》感に襲われる。咄嗟《とっさ》の嘔吐感で不用意に口を動かせば、歯が男根に当たって怪我を負わせることになる。それの防止のために、「必定、片手をまら腹に握り置く可し」という示唆である。これは女郎屋の経験の蓄積による、男根扱いの秘訣であり、その細心の留意には驚かされる。

江戸時代中期において、かかる凄絶な技法があろうとは、想像も出来ないほどである。当時の交合体位として、本手取り、後取り、茶臼取り、曲取り、けつ取りなどの名称がある。

この「取り」というのは、「方法」「技」くらいの意味である。そこで女のオーラルは「口取り」と称してもよいと思われるが、当時の色道指南書には、この名称が見当たらない。しかし、明治期の文献には「口取り」が使われているので、江戸末期には「口取り」という呼称が普遍化されていた形跡が感じられる。

一六、けつ取りの場合の対処技法

当時、色道は二道と言われるように男色と女色があった。男色において究極の愛の交歓は肛交である。これに対して、第二章で改めて詳述するが、女に対して肛交を要求する男もいる。これは何なのであろうか。

表門より裏門は締まりよし（五六8）

この川柳は、女への肛交を欲する男の欲望の一端を表している。男根への、より密着度の高い、締めつけの快楽を求めているもののようである。強い刺激や特異な快感を希求する男の放埓《ほうらつ》さであると解釈することも出来る。また、幼児期の肛門性欲時代の残滓《ざんし》として、肛門への執着が払《ふっ》拭《しょく》できないという心理面もあるかと思われる。

女郎屋へ登楼して、女に肛交を要求する男も、かなり居るということである。本書には、次のように記されている。

けつ穴に入れる時は、まらを根元まで入れるは、けがのもと。よって必定に、おやまは寝るか、又は伏す可し。立ちて、又、立ちうつむき前にしゃがむは、必ずまら根元まで入る可し。まら根元まで入りなば、くそ筋にまら入りて、腹痛み、胸支《つか》え、あと体なえるなり。即ち、足をふんばり、けつ穴締めちゃぐる。片手をまら腹に添えて、一つとこに抜き差しさせるようにして、まらつけ首に指を当てるなり。

肛門に男根を入れる時には、根元まで挿入するのは怪我《けが》をする基である。だから必ず、女郎は仰向けに寝るか、うつ伏せに横たわらなければならない。

立位や立て膝で俯《うつむ》いて前方に屈《かが》む体位では、決まって男根は根元まで入る筈である。男根が根元まで入れば、排便の神経に触れるので、腹痛が起こり、胸が支え、その後に体が萎《な》えてしまう。そこで、最良の方法は、男根が入ったら足を踏ん張り、肛門を固く締め続ける。そして、片手を男茎に添えて、一方向だけの抜き差しを行わせるように仕向け、男根の雁首に指を当てるのがこつである。

肛門の中へ男根をすべて没入させるのは、怪我や傷を負う原因になると、先ずその危険性を注意している。したがって、男根が根元まですっぽりと入らないようにすることが先決であるとしている。深く挿入された場合には、排便の神経が刺激され、腹痛が起きて胸部も苦しくなって、事

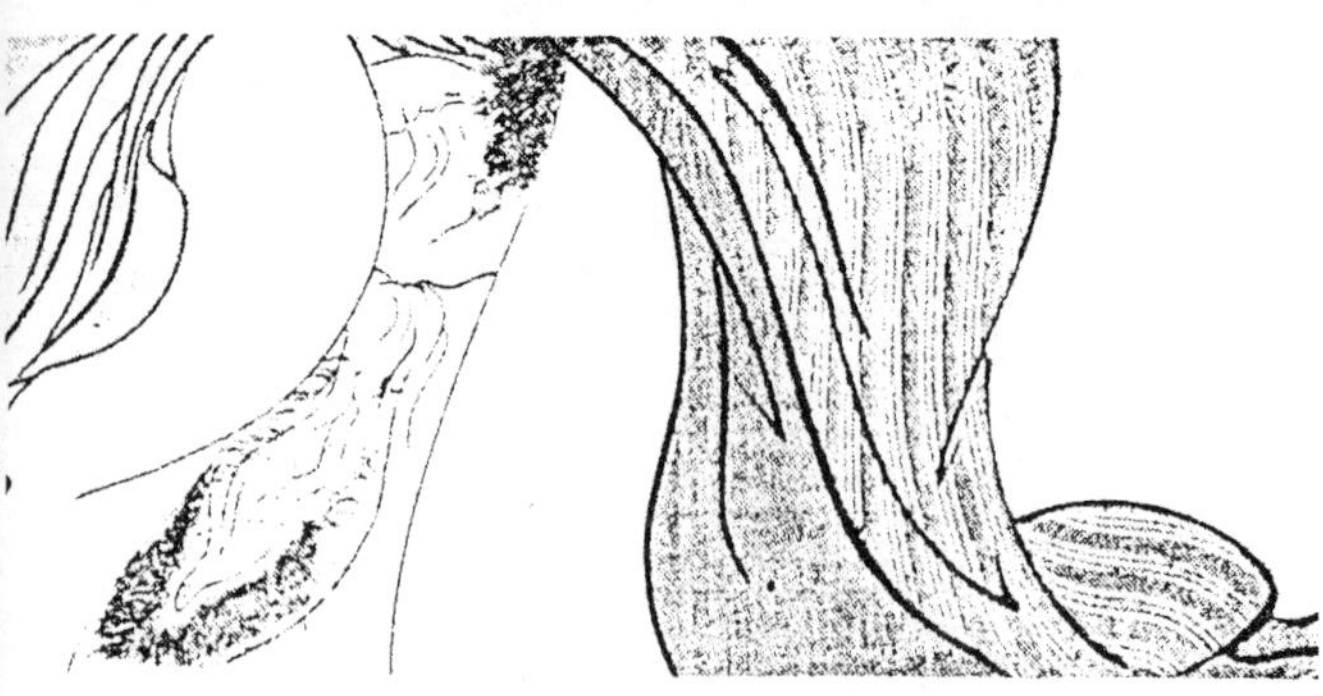

後は全身が衰弱するという。そこで、男根を受入れたならば、足をきつく踏ん張って、肛門を強く締め続け、筋肉を硬直させる。全身の力を抜くと、一気に嵌入されることになるのである。唾や通和散《つうわさん》のような潤滑剤を使用するのであろう。女陰との交合のように回転運動や「のぬふ」運動（抜き差しをしながら、の・ぬ・ふという仮名文字を描くような交合運動）をさせずに、ただ真っ直ぐな出し入れ行為だけをさせる。これは、肛門の周囲の括約筋を破損させないための留意である。女は片手で男茎を半分握るようにして、その指を雁首に当てて、指先で雁首を刺激しながら肛門に出し入れさせるのである。潤滑剤が十分であれば、膣よりも肛門は緊密感が強いので、指先の補助扶擦をすれば、じきに射精すると言われている。

女との肛交『梅色香袖之巻』（天明期—1785頃）
馴染みの芸者との後背位によるアナルコイツス。

一七、手技で男に気を遣らせる秘法

客の中には、手技で女を絶頂に導いたり、自分もまた女の手で射精するのを好む者もいる。そんな男への対処の仕方も女郎にとっては必要になる。

まら出して千度《せんど》ずりを言うなり。この客、定《き》まりておやまのぼぼに、千度ずりを言うなり。巧者にて、ぼぼに指を中まで入れず、さね裏をさげ擦《こす》り、おやまに気を遣《や》らすなり。布団を高くして座らせ、片手できんたま下より、柔《や》ろく揉《も》み上げ、片手でまら根元を軽く握りて、まら頭を振る。まら太皮を下に、擦《す》り下《さ》げ擦り下げ擦《こす》り、指輪をまらつり皮に巻いて放さず。少許《しばら》くしてより、きんたま袋を揉み指にて、唾をよけにまら頭に塗り付ける。先走り水出るようになれば、まら持つ手を逆手に持って、手のひらと親指つけ根に、まら頭を付け、指輪を柔ろくまら根元にして、扱《しご》くようにして、腹上え擦る。まらを腹上の方に擦るがこつにして、まらを前に向けて擦る可《べ》からず。まら赤黒くなれば、又、手をかえ、まら腹を軽るう握って、指輪のまらつけ根は強く締めて、早く擦る。この時、呼び水としてきんたま袋の手を止め、まら頭に唾を塗り付け、柔ろく叩く。同時にまら腹を締め、叩くように握り擦れば、まら震《ふる》いて気を出す。この折りに、気を出す水を指先に受け、おのれのぼぼを、けつ引くようにして男の手をずらせ、其の水をぼぼに付け塗らし、いったいった、と言う可《べ》し。

女郎と互いに手技で
『四季のはな』（文化期―1804頃）
本技ではなく、手技で互いに遂情している。

乳、口、けつ、千度ずり、ともに気を出せば、その時、まら首強く搾り取るよにせば、まらたんのうするなりが、こつ。

客は男根を露出して、千摺《せんず》りをしてくれと言う。こういう客は決まって、女郎の性器に千摺りをさせろとも言うのである。男は手技が巧みで、指を膣内には入れずに、陰核裏を扱《しご》き下げて擦り、女郎に気を遣らせるのが得意である。

男の千摺りを行う場合は、布団を高く積んで座らせ、女は片手で睾丸の下から柔らかく揉み上げ、もう一方の手で男根の根元を軽く握って男根の頭を振るようにする。そして、男根の雁首の包皮を下方へ擦り下げるように丹念に擦り、指で輪を作り、それを亀頭の包皮小帯に巻いて放さないようにする。暫くしてから、陰嚢を揉んでいる指で、唾をたっぷりと亀頭部に塗り付ける。

先走りのカウパー腺液が鈴口から出るようになったら、男根を持つ手を逆手にして持ち、掌と親指付け根に亀頭部を付けて、指の輪を柔らかく男根の付け根に持って行き、扱くようにして腹の上方に向かって擦る。

男根を腹の上方に向かって擦るのが秘技であって、男根を前方に向けて擦ってはならない。男根が緊迫して赤黒くなれば、手を代えて、男茎を軽く握って、指の輪で保持している男根の付け根を強く締めて、早く擦る。この時に、早く気を遣らせる補助として、陰嚢の手を止め、亀頭部に唾を付けて柔らかく叩く。同時に、男茎を締め叩くように握り擦れば、男根は震えて一気に射精する。この折りに、噴射する精液を指先に受けて、己の性器を尻を引くようにして男根から手を放して、精液を女性器に付け塗り、「いった、いった」と言うのがよい。

女が男根に千摺りを施すのは、簡単なようで意外に難しいものである。男が射精に至るまでの序破急《じょはきゅう》を、常に快感に溢《あふ》れたものにしなければならない。男の興奮の緊迫感を持続させ、それを損なわないようにするのが、容易ではないからである。本指南書では、こういう場合、男を寝かせるのでは無く、座位にさせるように説いているが、なるほど素晴らしい知恵であると、感心させられる。椅子のように高く積んだ布団に男が座り、女は男の股間に位置する。女の胸辺りに男根が直面することになる。

手始めは、陰嚢の揉み上げと、男根の根元を持って振ることである。男は愉悦に満ちながら、勃起を促される。そして、女の指の輪は雁首にしっかりと巻き付ける。唾を十分に付けて亀頭部の摩擦を円滑に行くようにする。

先走りの水が出れば、かなり男根の興奮の度合いは進捗《しんちょく》しているので、男根を持つ手を逆手にする。牛や山羊の乳搾りのように、前方から手で握って搾っていたのを、手首を返して逆手に持ち替える。これは物凄い秘法である。逆手の方が微妙に力が籠もるものと思われる。そして、座っている男の真下に擦るのでは無く、腹の上方へ向かって擦るのがこつであると言う。男が密かに行う千摺りは、ほぼ擦り上げるのが常であるから、真下へ擦り下げるのよりは快感が増幅されるはずである。

男根が充血して緊迫して来たら、射精に近づいた証であるから、指の輪で男根の根元を強く締めて擦りを迅速にする。その時は、陰嚢の刺激を止めて、亀頭部に唾を塗って柔らかく叩くようにする。同時に男茎を締めて、これも叩くように握り擦ると、男根は小震いして一気に射精するものである。これは男根への二所《にところ》攻めのような、迫真の効果である。恐らく、男は興奮の波が萎縮すること無く、次第次第に嵩《たか》められて行き、快美感を持続させながら、射精の快感へと導かれるに違いない。

　そして、男が射精した瞬間にその精液を指先に受けて、それを己の女陰に塗り付け、「いった、いった」と叫べば、男は自分の性技が効を発したような満足感に囚われ、男の自尊心が十分に満たされて、安《あん》堵《ど》感に浸ることが出来る。この補助的な行為も、男の感情を高める効果があると同時に、女郎屋の男の好色心を熟知した秘伝というべきであろう。

　さらに、「乳、口、けつ、千度ずり、ともに気を出せば、その時、まら首強く搾り取るようにせば、まらたんのうするなりが、こつ」とあり、乳房間交合にしても、口取りにしても、肛交にしても、千摺りにしても、男根が精液を噴出したら、それが終わりではなくて、亀頭部を強く握って尿道の中の精液を絞り取るように扱くのが必須であると述べる。これが男を堪能させるこつであると強調している。射精後、男根が徐々に萎縮して行く過程で、男茎を女の手で握られて緩やかに数回扱かれると、男は穏やかな愉悦感に浸ることが出来るものである。

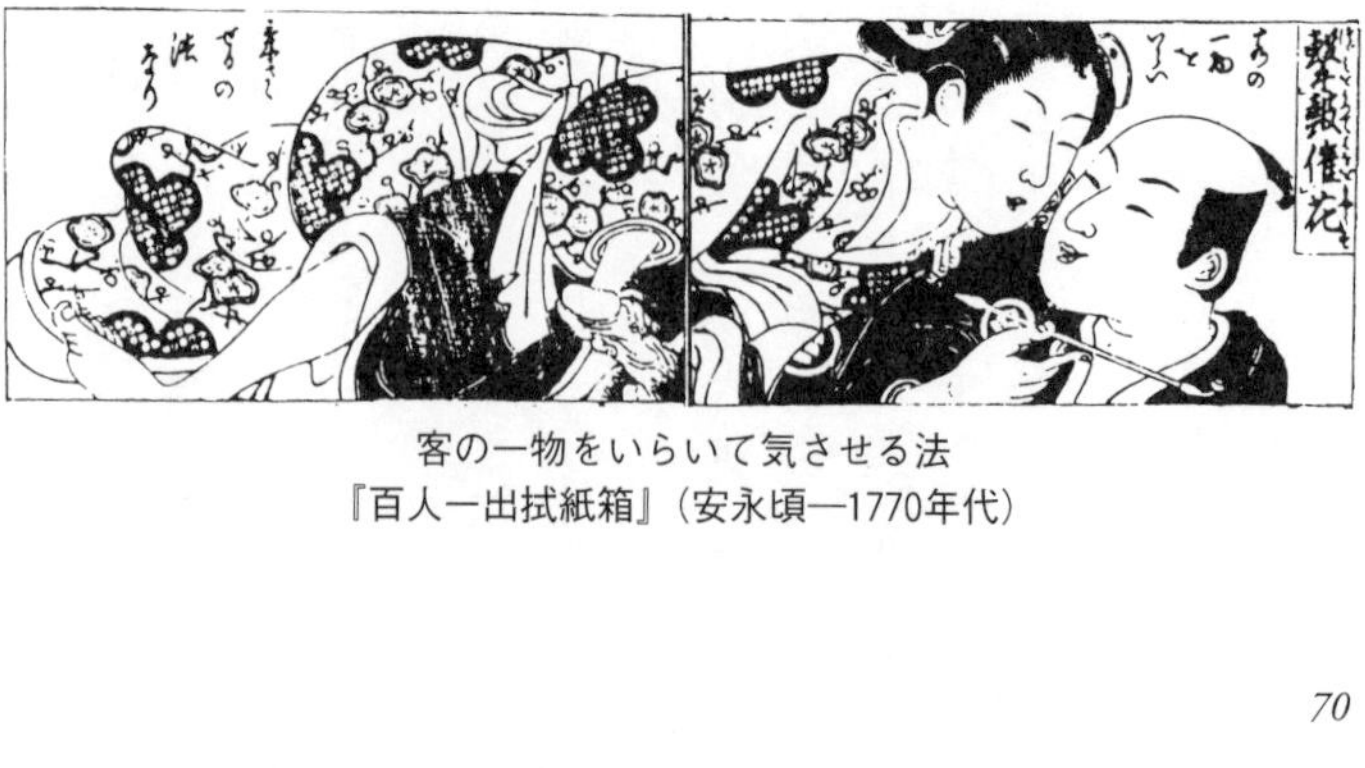

客の一物をいらいて気させる法
『百人一出拭紙箱』(安永頃—1770年代)

一八、交合以外の女陰の曲技

女郎は、男の性的な欲望を満足させるのが職務である。そのため、交合以外の、男が喜びそうな曲芸にも励んだようである。そのことが「つき山おやま、かまいの事」の章に記してある。現代の性曲芸を表す言葉に「花電車」というのがある。祝祭日などには、昔は市電（街路電車）に花を一杯に飾り立てた電車を走らせた。その花電車は、見て楽しむことは出来るが、乗ることは出来ない。そこで、女が行う性曲芸では、目で楽しむだけで、その娼婦とは交合が出来ないという訳である。

二百七十年も前から、木の実を女陰で拾って他の器に移したり、芋の餡《あん》を輪切りにしたり、筆を女陰で挟んで文字を書いたり、様々な曲芸が実践されていたのである。同書では、女郎は、性の曲芸を身に付けるように勧めている。

つき山おやまは、その働き励み、四一なれば、よけに体は丈夫に、芸事かまう可《べ》し。舞ぼのしぐさ、はじめの仕事はかまえて、常に習う可《べ》し。
盆に、金柑《きんかん》の実《み》、桜の実、銀杏《ぎんなん》の実、小梅《こうめ》の実を盛る。おめこ、客の好みを拾いて、三宝《さんぽう》の中に入れる。
おめこに、木匕《きさじ》、挟《はさ》み入れ、盆の中の豆を掬《すく》い取り、三宝の中に入れる。

男に、笹竹《ささだけ》の先の油ばり袋に息を入れさせ、大けにふくらませ、おめこに入れて、おめこの笛鳴《ふえな》り。

おめこに団扇《うちわ》人形を、立《た》て挟《はさ》み、さね踊《おど》り。

徳利《とくり》口、おめこで挟み、徳利《とくり》踊《おど》り。

おめこに紅《べに》塗り、枕紙《まくらがみ》を巻き、ぼぼの型染《かたぞ》め。

三宝に積みたる客の小粒銭《こつぶぜに》、おめこの吸い取り、取り得《どく》。

芋の餡《あん》、まら型《がた》の、おめこ素切り。

おめこ、筆をくわえて、一字書《いちじが》き。

これらは何れも初手にして、おやま、指使わず。この品々、おめこほおばるに、さねの中程まで入れて、けつ穴締め、息を止めるようにして、さねびらの中にて巻くようにするが、こつ。けつを前に出すより、けつしゃくるが、こつ。

先ず「つき山おやま」であるが、精力的な客を相手にする女郎で、性技にも長《た》けている女である。どんな男にも対処出来る女郎は、その仕事に励むと、四年の年期が一年減ることになるので、熱意を込めて体を丈夫に保ち、芸事も習練をすべきである。女陰の曲芸の技法など初めての仕事は意図的に、常に習うようにした方がよいと言う。

さて、この「舞ぼぼ」のバリエーションの多彩さに驚かされる。先ず、盆に金柑・サクランボ・銀杏・小梅の実を盛り上げる。客の注文に応じて、その内のいずれかの実を女陰で拾い上げて、三宝に移し載せる。また、医者が調剤に使う木匕を女陰に挟み入れて、それを自在に操って、盆の中にある豆を掬い取り、三宝に移し載せる。また、油を塗った袋に笹竹のストローを結び入れ、男客が風船のように一杯に息を吹き入れさせ、それを女陰に入れ、締めるに従って空気が漏れ出て音を発する。これは女陰の笛鳴りという。また、人形型の団扇を女陰で挟み、それを扇《あお》ぎ動かすのは、さね踊りである。また、徳利の口を女陰で挟み、それを動かすのは徳利踊りである。

また、女陰の空割《そらわれ》（陰裂）に口紅を塗り、薄い枕紙を押し当てると型が取れるが、女陰の型染めということになる。いわば、女拓である。また、三宝に積んだ客の銭、小粒銭とあるので、一文銭もあるだろうが主に露銀《つゆぎん》か豆銀であろう。それを女陰で挟み取る。これは女陰の吸い取りと言う。取った貨幣は女のものになるので、高額を取ればそれだけ実入りとなるのである。また、芋の餡を男根型にしたものを挿入して、膣を締めて輪切りにする。これは女陰の素切りと言う。また、女陰に筆をくわえさせて、腰を動かしながら紙面に文字を書く。これは一字書きと称する。

これらの曲技は、いずれも初歩のものであり、これを行う女郎は手指を使ってはならない。これらの品物を女陰でほお張るには、膣の中程まで入れて、肛門をしっかりと締めて、息を止めるようにし、大陰唇の中で巻くようにするのが、コツである。そして、尻を前に出すのではなく、尻をしゃくるのが肝要である。

当時の女郎たちが、一人で部屋に籠もってこれらの技法を練習しているのを想像すると、いかにも凄絶な感じを受ける。女郎屋の主人が、これに習熟するように勧めているのであるから、他の女郎よりも巧くなろうとして、切磋《せっさ》琢磨《たくま》したのであろう。涙ぐましい努力だったであろうが、こんな曲芸を会得して男客の歓心を買うという、娼婦たちの心情はどんなであったのだろうか。

一九、干瓢《かんぴょう》を用いる秘法

男の快楽追求の欲望を満たすために、様々な道具を用いる。

ポチはずめば、つけ部屋めくばりに応えて、ぼぼ道具を使う可し。

まら立たせて、薄皮干瓢をまらに巻く。まらつけ首に一巻きし、まら腹に粗く巻き、まら頭に渡して、まらつけ首に強く巻く。それより、まら腹に粗く巻いて、まら根元で縛る。唾付ければ、干瓢緊《しま》るなり。ぼぼに入れなば、けつ廻して抜き差しさせ、おやまはおめこ締めずして、けつ廻してしゃくるなり。その時、まら根元に縛りたる端を、引っ張るよにせば、まら首緊りて、おめこ締めたると同じなり。

「ポチ」は祝儀である。客がチップを多く出せば、自室で要求に応じて閨房道具を使ってもよいのである。前段にあったように、客が持ち込んだ閨房道具は危険性が潜んでいるので、使わせてはならないが、自室にある手練の道具は、割増金の多寡《たか》によって使いこなすのである。

男根を勃起させて、薄皮の干瓢を男根に巻き付ける。雁首《かりくび》に一重に巻いて、男茎に粗く巻き、亀頭部に廻して、雁首に強く巻く。それから男茎に粗く巻いて、男根の根元で縛る。この干瓢に唾を付けると、干瓢が締まるものである。そのまま女陰に入れて、男に腰を動かさせて抜き差しをして、女郎は膣《ちつ》を締めずに腰を廻して、しゃくるようにする。その時に、男根の根元に縛ってある干瓢の端を引っ張るようにすると、雁首の箇所が締まって、ちょうど膣を締めたのと同じような効果がある。

さて、乾燥した干瓢を用いるのであるが、このような効能があるとは、傾聴に値する。

二〇、魚の腸管を使う秘法

男根に被《かぶ》せるフィッシュスキンというのを聞いたことがあるが、これは主に避妊の用途であるという。しかし、強靭ではないので、数回は使えないとのことである。ここでは、男の快楽のために使う、フィッシュスキンである。

魚のえら袋の中に、麦粒と息を入れ、膨らませ、縛りたれば、おめこのしん底に入れ、その端紐をさねねきに出して、立てまらを入れさせる。抜き差し擦れば、その袋、まらめだまを叩きて、先走り水出る。おめこ締めずして、先走り水出れば、紐端を引くよにして、気を遣《や》らすなり。

まら皮あり。干したる魚の皮なり。ざらざらの方を唾付けて、まら腹とまらつけ首に巻く。ぼぼに入れれば、おめこ大けに開いて大けにしゃくり上げ、擦るなり。

魚の腸管袋（浮袋）の中に、麦粒を入れて息で膨らませ、それを縛った後に膣《ちつ》の奥底に入れ、その端紐を膣口に出して、勃起した男根を入れさせる。抜き差しして擦ると、子宮膣部にある袋が、男根の鈴口を叩くような感触があり、男は先走りの液を出す。膣を締めないのに先走りの液が出たら、女は手で端紐を引くようにして特異な感触を与えて、射精を促すのである。さて、麦粒の効果は何なのだろうか。恐らく、神経が集中している敏感な鈴口へ、微妙な触感を与えるためであろう。紐の端を引いて膣内を充満させ、男根への密着度を嵩《たか》めるのであると思われる。

さらに、「まら皮」がある。干した魚の皮で、ざらざらした方へ唾を付けて、男茎と雁首に巻き付ける。そのまま膣に挿入して、女陰を大きく開いて、大腰にしゃくり上げながら擦るのである。ざらついている魚皮が、男根へ珍奇な触感を与えることになる。

二一、凍りこんにゃくや高野豆腐を使う秘法

これも、女陰に補助具を入れて、男根を締めつける秘伝である。

おめこ座あり。凍りこんにゃく、こやどふなり。湯にて少しくもどして、ぼぼのさね中に半分、半分をねきに出す。まらを大けに立たせ、まら根元、きんたままで入るようにする。即ち、ねきに出た半分が、きんたまを抱《だ》かえるなり。おめこ座、湯にもどしても、直ぐしまるなり。又、抜き差し擦れば、よけに締まるなり。よって百程にて、痛し、痛し、と言うなり。凍りこんにゃく、こやどふの換りに、京下りのおやま、ある時は持ち来る、餅麩《もちふ》を丸く切りて、少し湯にもどし、さねの中、半分、ねき半分にして、まらを入れさす。これ最もよし。ぼぼ損なう事無し。

「おめこ座」とは、凄い名称である。女陰に据え置く物という意味である。これは凍りこんにゃくや高野豆腐（凍り豆腐）などである。これらを湯で少しもどし、女陰の膣口に半分ほど入れ、残り半分を外に出して置く。「ねき」は根際《ねき》で、きわとかそばのことである。勃起した男根をその根元までも入れ、睾丸までが入るようにする。つまり、膣口の外に出た半分が、睾丸を抱き包むようにする。「おめこ座」は、湯にもどしても直ぐに収縮して締まるものである。また、抜き差しをして擦れば、ますます締まる。そのため、百回ほど抜き差しすると、男は「痛い、痛い」

と言う。凍りこんにゃくや高野豆腐の代わりに、京都から下って来る女郎が、たまに持参する餅麩があるが、これを丸く切って、少し湯にもどし、膣口に半分、その際《きわ》に半分出して、男根を入れさせる。これは、効果も絶大で最適であり、女陰を傷つけることもない。

さて、この効能やいかにと、現代人は危惧するのではなかろうか。この記述を信用すれば、「おめこ座」は男根に纏《まと》わり付いて、締め付けることになり、それが快感に繋がるのである。

二二、「かんぶ紙」を巻いて行う秘法

「かんぶ紙」というのは、「乾皮紙」なのか「雁皮紙」なのか、不明である。「乾皮紙」は乾かした獣皮であり、「雁皮紙」はジンチョウゲ科の灌木《かんぼく》の樹皮から作った和紙である。いずれにしても、これを男根に巻き付ける方法である。

まら腹にかんぶ紙を巻き、ぼぼに入れさせる。かんぶ紙、まら、ぼぼ水とりて、かさかさになる。抜き差し百程にて、おやま、嘘《うそ》にも、痛い、痛い、と言いて、かんぶ紙を取り、魚のえら袋の中に、湯をしたした綿入れを、まら根元に巻きつける。まら、ぼぼ、抜き差しするに、綿湯が絞り出て、おめこの中、水溜まり、ごっぽごっぽと音たてる。まら震《ふる》いて気を出すなり。

男茎に「かんぶ紙」を巻いて膣《ちつ》に挿入させる。この「かんぶ紙」は、男根と女陰の分泌液を吸収して、かさかさになる。抜き差しを百回くらいして、女郎は実際に痛くなくとも「痛い、痛い」と言って「かんぶ紙」を外し、魚の腸管袋の中に湯を浸した綿を入れ、それを男根の根元に巻き付ける。それで男根と女陰が抜き差しを重ねると、綿湯が絞り出て、膣の中に水が溜まり、抜き差しごとにゴッポゴッポと音を立てる。その変わった味わいに男根が緊迫して、射精するに至る。

この「かんぶ紙」は、特異な感覚を男に与えるもののようである。その感覚を与えておいて、女陰が損なわぬように百回くらい抜き差ししてから、外すのであろう。快感の頂点に至っている男根は、「えら袋」から浸《し》み出した湯の音に気を掻《か》き立てられて、すぐに絶頂に達するということになる。

二三、枠を嵌《は》めて行う技法

現代では、輪ゴムを男根の根元に嵌めて、軽く締めつけた状態で行うことがある。それと同じような効能なのかとも思う。

わくぼぼあり。まら根元にわくを付け、わくの中の輪をまら根元につける。まら、ぼぼ、抜き差しするに、けつ使わずして、抜き差し止まらず、まら根元より扱《しご》きて気を出すなり。

このわく、ぼぼどてにつけ、わくの中の輪を、まら根元に巻くも同じなり。

「わくぼぼ」とは、現代語に直せないような凄い言葉である。女陰用の閨房具という意味である。これを男根の根元に付けて、枠の中の輪を男根の根元に装着する。男根と女陰とで抜き差しする際に、腰を使わなくとも抜き差しは止まらず、男根の根元から扱かれるので、男はすぐに射精をすることになる。この枠は、女陰の空割《そらわれ》の所に付けて、枠の輪を男根の根元に巻くのも同じ効果があると述べる。

この具の材料が説明されていないので、どんな構造なのかは、推測の域を出ない。枠とは刀の鍔《つば》のような嵌《は》め板のようである。輪というのは、弓仕掛けのように反動の力が働くもののようである。

二四、芋の皮を巻いて行う秘法

今度は、芋である。当時、芋と言えば里芋のことである。

いぼ巻きあり。まらつけ首に、いぼいぼのつきたる芋の蔓皮《つるかわ》を巻く。先走り水出て、まらつけ首、よけに締まる。芋の蔓皮の端《はし》を、ぼぼねきに出して、折々に引っ張る。おのれがまら、腫《は》れ痛《いた》む事ある可《べ》し。

このぼぼ道具を使う客づれは、凡《およ》そ、おめこてんごして、喜びかまいて、おのれ気を遣《や》るものなれば、少許《しばら》くして、嘘《うそ》にも、痛い痛い、かいいかいい、いくいく、と言う可し。又、中々に気を出さず、道具終りてこそ、素ぼぼするものなれば、おちゃ、損《そこ》なう可《べ》からず。

いぼ巻き法というのがある。男根の雁首に、いぼいぼの付いた里芋の蔓皮を巻き付ける。先走りの液が出てこれが湿ると、雁首はいっそう締まる。芋の蔓皮の端っこを膣口際に出して、時々に引っ張るとなお効果的である。この里芋の蔓の成分が作用して、男根が腫れて痛むこともある筈であると言う。

これは肥後芋茎《ひごずいき》に近いものと思われる。肥後芋茎は、男茎の根元から全体に巻き付けるものであるが、これは膣壁との摩擦感が損なわれる場合がある。芋茎の成分が膣内で溶けて、膣内がほめくような感じになるとも言われる。女の方の快味が増すようである。「いぼ巻き」では、雁首だけに巻くので、密着度はそんなに損なわれない。いぼいぼの刺激が、雁首に働いて、快味が増幅されるのであろう。それに、締め付けが強くなり、抜き差しの最中に、女が手で皮の端を時々引っ張れば、それも特異な感触になると思われる。

さらに「ぼぼ道具」を使う客についての留意事項を述べている。これらの男客たちは、女陰を手で弄すことを喜んで行い、それを契機にして気を遣るものであるから、そういう場合は、虚言でもいいから、「痛い、痛い」とか「痒《かゆ》い、痒い」とか「行く、行く」とか声を挙げて反応するのがよい。また、中々に絶頂に至らず射精をしない者もいるが、そういう男は決まって閨房具を使い終わってから、本物の交合をするものであるから、女郎は性器を損なわないように用心すべきである。

女陰に大いに興味があり、それを使って遊ぶことに関心がある男もいるのである。十分に女陰で戯れてから、最後には普通の交合で射精することを欲するという見立ては、まさに男の好色心を見事に言い当てている。

二五、「ぬか六」に対応する秘法

俗に、「ぬか三」という言葉がある。交合に際して、挿入してから抜かずに三回も射精することであるが、ここでは「ぬか六」という驚異的な交合を述べている。

　ポチ出して、賭ぼぼあり。ぬか六と言いて、まら、ぼぼより抜かずして、まらの六ツの気を出させるなり。おめこ、痺《しび》れ切れるなれば、初めの三ツは、まらにけつを使わせ受ける可《べ》し。ぼぼ締めず、ぼぼしん底に当てず、けつ穴開けて、常にまら腹を片手で擦《こす》るなり。あと一ツぼぼ締めて、けつ穴締め、けつしゃくり上げて、大けに揺する。あと一ツ、けつ廻して、さね裏で深く締め、奥底で抜き差しする。あと一ツ、まら浅くほうばり、さねで締め、けつしゃくり廻して、さねびらでまら首を、締め緩めを繰り返す。即ち、これで六ツなり。然れども、凡そ賭なれば、ぬか四んまでに留めるがよし。

「賭ぼぼ」とは、聞き慣れない言葉であるが、連続して何回射精させられるかという賭である。祝儀を出して、「ぬか六」まで行かせたら、全額を女に渡すというやり方なのであろう。交合競技とでも言うべきである。女は性器が痺れて、体に毒であるから、早く男を行かせるに越したことはない。この記述を見ると、凄惨《せいさん》な交合技法に唖然《あぜん》とさせられる。

「ぬか六」と言うのは、男根を女陰から抜かないで、六回射精させることである。

女陰が痺れ切れるほどになるので、素早く行うには、初めの三回は男に腰を使わせ、女はそれを受け入れるようにする。膣《ちつ》を締めず、鈴口を子宮膣部に当てないようにし、肛門を開けて、常に男茎を片手で擦るようにする。

次の一回は、膣を締め付けて肛門も締め、尻をしゃくり上げて大きく揺さぶる。次の一回は、尻を廻して膣口で深く締め付け、膣の奥のほうで抜き差しをする。あと一回のやり方は、男根を浅く挿入させ、膣口で締め、尻をしゃくって廻して、膣口で亀頭部を締めたり、緩めたりを繰り返す。

これで六回である。しかしながら、単なる賭事なので、体を酷使することはなく、「ぬか四」ぐらいで止めるのがよいと述べる。回数が進むに従って、男が射精する時間が次第に間遠くなるから、男も女も疲労度が増して来る。連続して六回も射精するというのは、大した男であると思われるが、男も女も感覚が鈍って、快感などは感じないのではないか。これはもう、快楽の追求ではなくて、競技なのである。

単なる賭け事の遊びとして、「わしは、ぬか六をしたぞ」と自慢できる成就感はあるだろうが、体力の健康保持には不向きである。男よりも、射精を促す女の方が運動量も多く、疲労困憊《こんぱい》に陥るのではないだろうか。だから、せいぜい「ぬか四」程度で止めた方がよいと忠告している。「ぬか六」の他にも「ふか七」という言葉もあるそうである。また、「ぬか六、ふくピン」とも言われるという。「抜かずに六回」とは、物凄いと思うが、拭かずに七回とは、まさに超人的である。男はいたずらに挑戦して、「顎《あご》で蠅《はえ》を追う」（腎虚《じんきょ》に陥ること）なんて状態にならないように、養生が肝心というものである。

二六、様々な交合体位、三十六種

ここのタイトルは、「まらうけとり、かまいの事」である。男根を受け入れる対処法ぐらいの意味である。交合体位を大別すると、「前向位」「背向位」「男上位」「女上位」の四型になる。同じ体位でも、足を伸ばすか、屈するかでバリエーションが増えることになるが、同書の体位のそれぞれを列挙することにする。

①　おやま、うつ伏せに寝て、両足を開いて膝《ひざ》付きて、けつ高にする。客は、そのけつの間に、立て膝をして、おやまの腹を抱《だ》かえて、まらを入れる。

いわゆる「後取り」であり、「けつ取り」の一つである。「ひよ

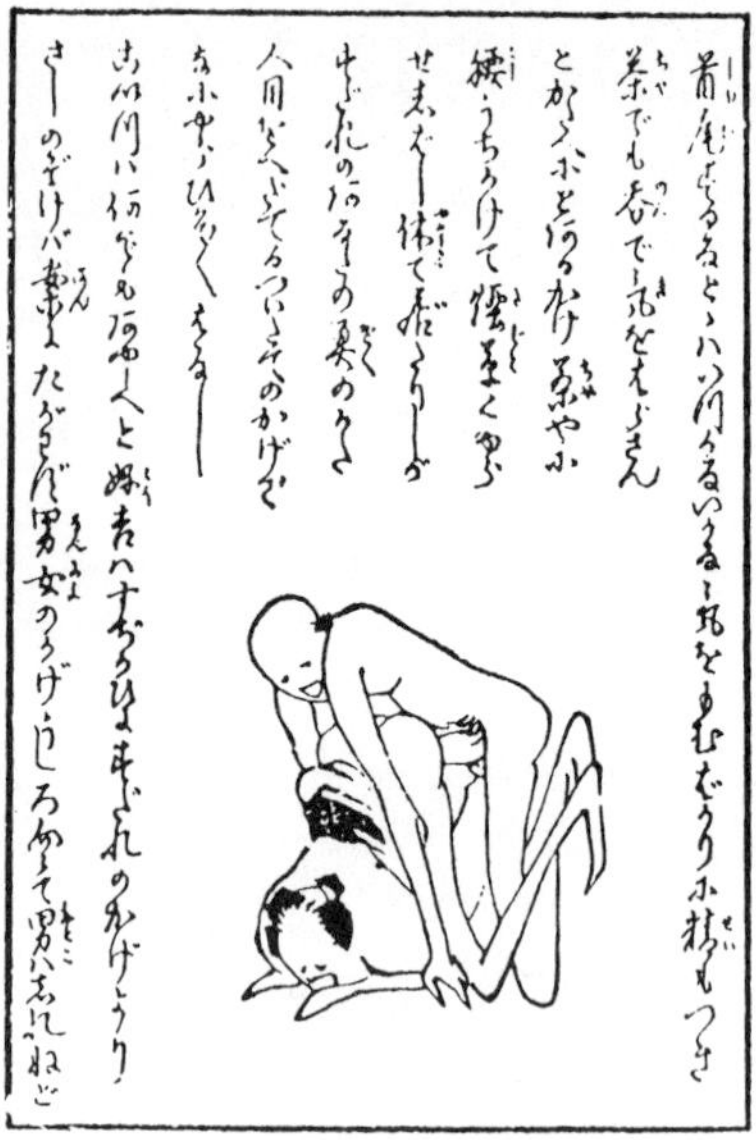

①　後取り『風流鶯宿梅』
（江戸末期―1850頃）
女は両手と頭を地につけ、尻を高く挙げる。男は膝立ちして接する。

どり越え」などとも称されるが、下付きの女との接し方に適すと言われる。嵌入《かんにゅう》された男根は、膣《ちつ》の反《そ》りと合致し、子宮軸とも一致するから、射出された精液は子宮口に入る。全身的な接触には欠けるが、男は豊かな女の臀《でん》部《ぶ》のクッションを感得する。女は、陰核への刺激は皆無であるが、蟻の戸渡りへの圧迫と摩擦を体感出来る。男は深く浅く自在に動かせるので、十分に性感を堪能出来る。この体位は人類の交合の原初のものとされる。ただ一つの欠点は、膣内に空気が入り易く、そのために「風声」を発することが多い。

② おやま、上むきに寝て、両足を開き上げて、客の肩に乗せる。客は、その間に立て膝をして、おやまのけつと背中を抱かえて、まらを入れる。

② 女が両足を男の肩へ挙げた屈曲位
作者不明『浮世絵』（文化中期—1810年代）

いわゆる「かつぎ上げ」「きぬかつぎ」「肩車」であり、現代語では「屈曲位」である。これも女の蟻の戸渡りが引っ張られて露呈《ろてい》する。男の陰嚢《いんのう》などによって圧迫や摩擦がなされる。男は真下に向かって挿入する形となり、直線的な刺激を大きく受ける。

③ おやま、うつ伏せに両足を開いて寝る。
客は、その上に重なり乗り、足を伸ばして、
下より擦《す》り上げ、まらを入れる。

いわゆる「つぶし駒がけ」である。男上背位のうちの腹臥位である。「後取り」でもあり、「けつ取り」の一つである。女の背側と男の腹側が接し男の接触感が満足させられるが、あまり奥までは嵌入出来ない。下付きの女との交合に適す。

④ おやま、上向きに寝て、両膝を上に曲

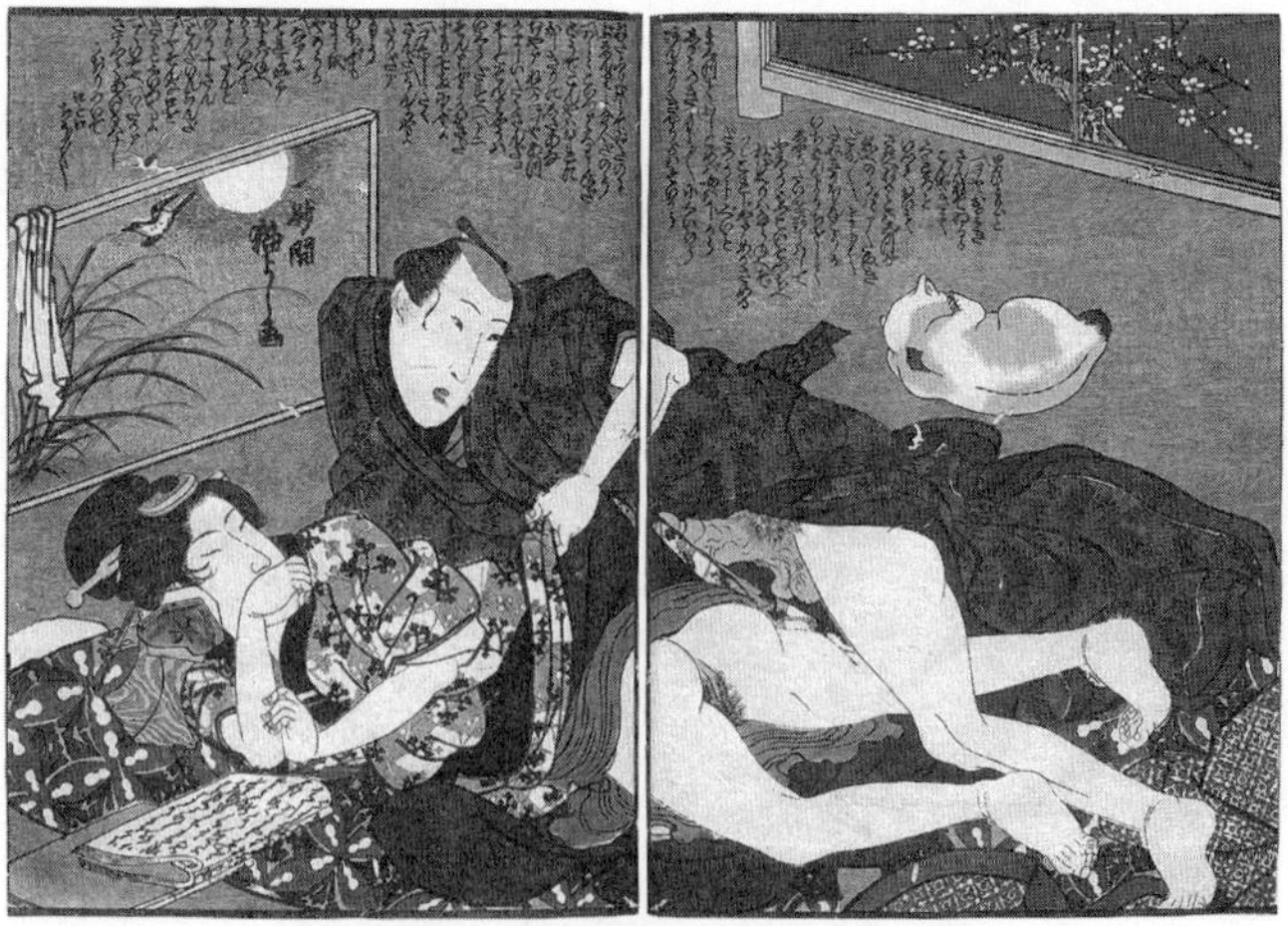

③ 歌川国芳『花以嘉多』(天保期—1836頃)

げ上げる。客は立て膝をして、おやまの曲げた足を胸に当てて、まらを入れる。又は、おやまの両足を手に持って、抜き差しを手伝う。

男上前位のうちの変形で、俗に「かかえ込み」と称する。性器同士は強く接触し、男の運動が自在に行える。上半身は不安定であるが、男は下方に向けて直線的に動けるから、直ぐに絶頂に至れるものである。

⑤　おやま、上向きに寝て、おのれの太股を開いて、両手で抱かえる。客はその間に入りて、両手を前に付き、立て膝にてまらを入れる。

男上前位の開股位であるが、女が足の裏を床に置かない型である。「本手」「本馬」「本手取り」と言われる。女が自分の両足を手で持っているこ

④　磯田湖龍斎『色道取組十二合』（安永初—1772頃）

⑤　歌川国貞『艶紫娯拾餘帖』（天保期—1836頃）

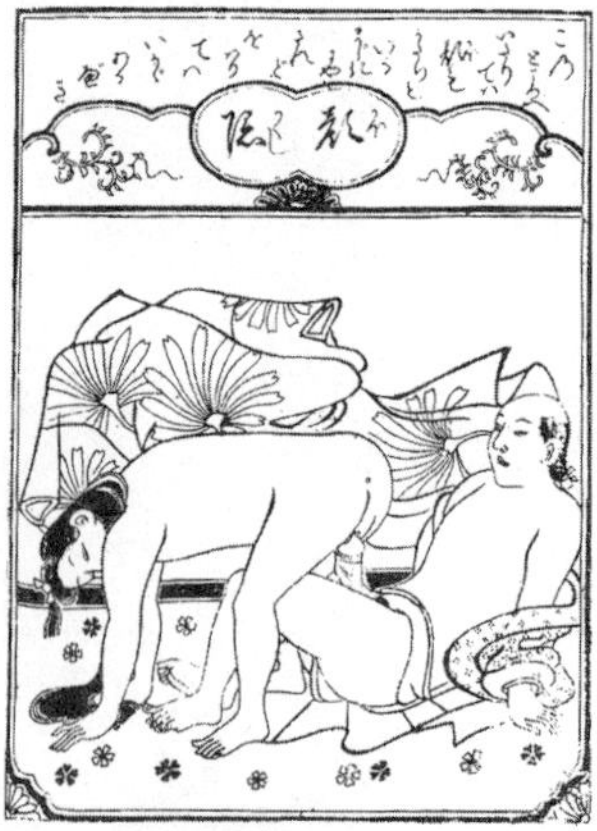

⑥　菱川師宣『恋のむつごと四十八手』（延宝期—1679頃）

とにより、女陰が上方に向くので、男根の挿入が容易となる。男は女の胸元の両側に手を付いて、自分の上体を支えるので、女の上体に重さを与えないで済む。

⑥　客、上向きに寝る。おやま、客の足に向かう。後ろ向きになり、その腹上に乗り、ぼぼにまらを入れる。又、おやま、客の足を持ち、抜き差しする。

女上背位である。いわゆる「逆茶臼」であるが、女が跨位（排便のしゃがむ姿勢）と膝位とバリエーションがあり、これは跨位であると思われる。この型は、「うしろ櫓《やぐら》」「帆掛舟」と呼ばれる。男の運動は制限されるが、上位の女は自在に動くことが出来る。男根の勃起角と膣の反りと相反するので、女が熟練していれば、男は強い刺激を受ける。女が不慣れな場合は結合が外れやすい。

⑦　客、上向きに寝る。おやま、客のどたまの方に向いて、立て膝にて、その腹上に乗る。又は、客のまら上に座り、両膝を曲げて前に出し、おのれの膝に手を乗せて、深く挿《さ》したまま、けつ廻す。

女上膝位である。わが国では、これを「茶《ちゃ》臼《うす》」「本茶臼」と俗称している。これも男の

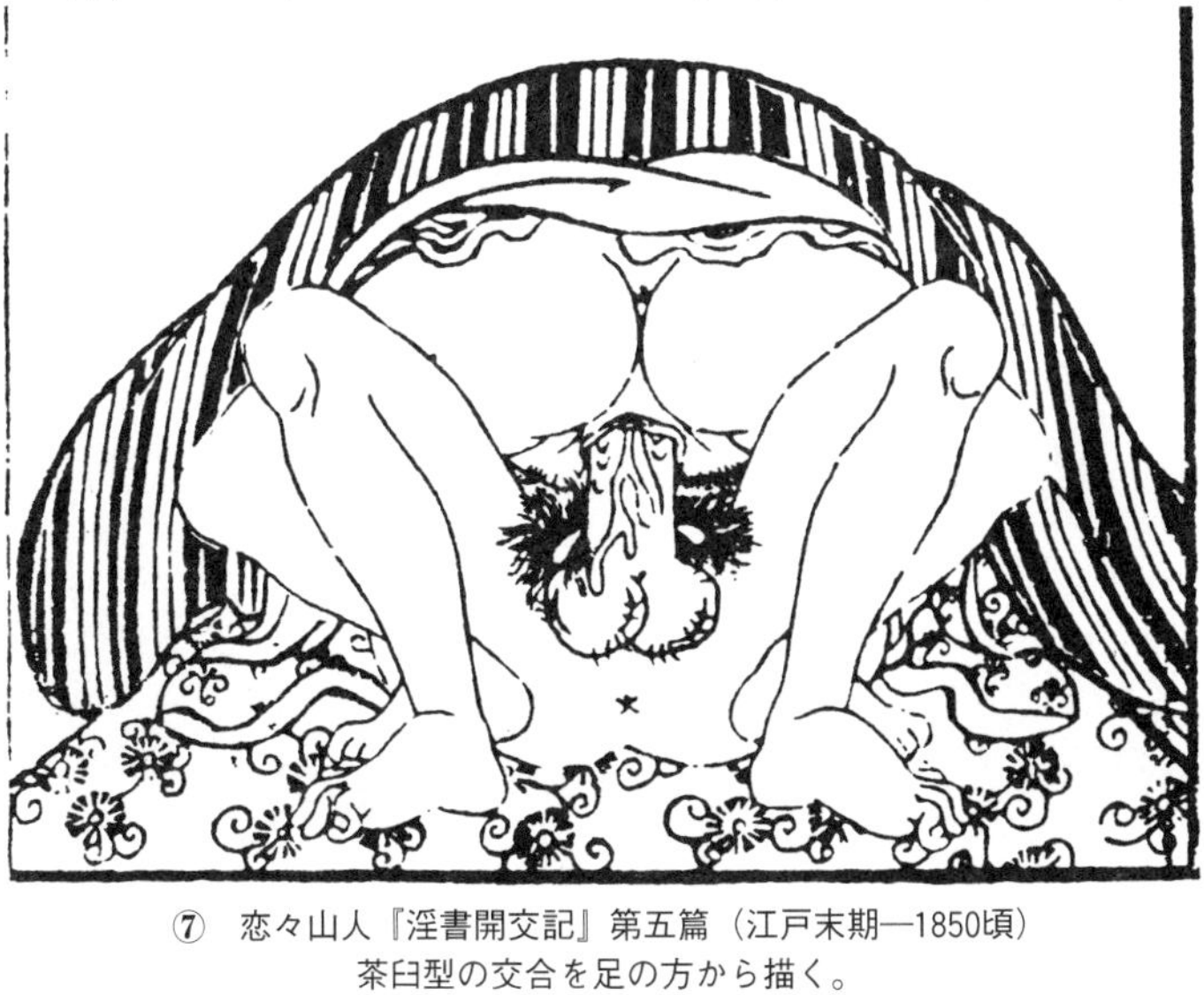

⑦　恋々山人『淫書開交記』第五篇（江戸末期―1850頃）
茶臼型の交合を足の方から描く。

運動は自在ではなく、女の巧みな運動が主役である。女は上下運動よりも、轆轤《ろくろ》式または独楽《こま》式の回転運動が適している。「深く挿したまま、けつ廻す」とは、この女の回転運動を示唆している。女が慣れていれば、男は絶妙な快感が得られる。江戸の庶民たちも、茶臼型で楽しんだらしく、多くの句がある。

もっと大腰にと亭主下で言い（安八松5）

女の腰の回転運動を指示している男の言葉である。

⑧ 客は、じょら組んで座り、その上に、おやま乗るように、前向いて座り、まらを入れ、両手で客の首を抱《だ》かえる。客は、おやまのけつを抱かえる。

男が胡座《あぐら》を組んで座り、その上に女が前向きに乗る型で、「前座位」の類で「女上座位」に分類される。いわゆる「居茶臼」「投網《とあみ》」と称される。昼間、人目を気にして行う時にも、布団を敷かずに、女が着物の裾《すそ》を広げて行えば、容易に実践出来る。この女の着物の広がりを「投網」の様相に例《たと》えている。女は、自由に動けるので、経験豊富な女は、この型を好むとも言われるが、概して男は受動的であり、女にすべてを任せるということになる。

⑨ おやま、横向きに、両足を開いて寝る。客はおやまの後ろより、片方の足を立て膝し、

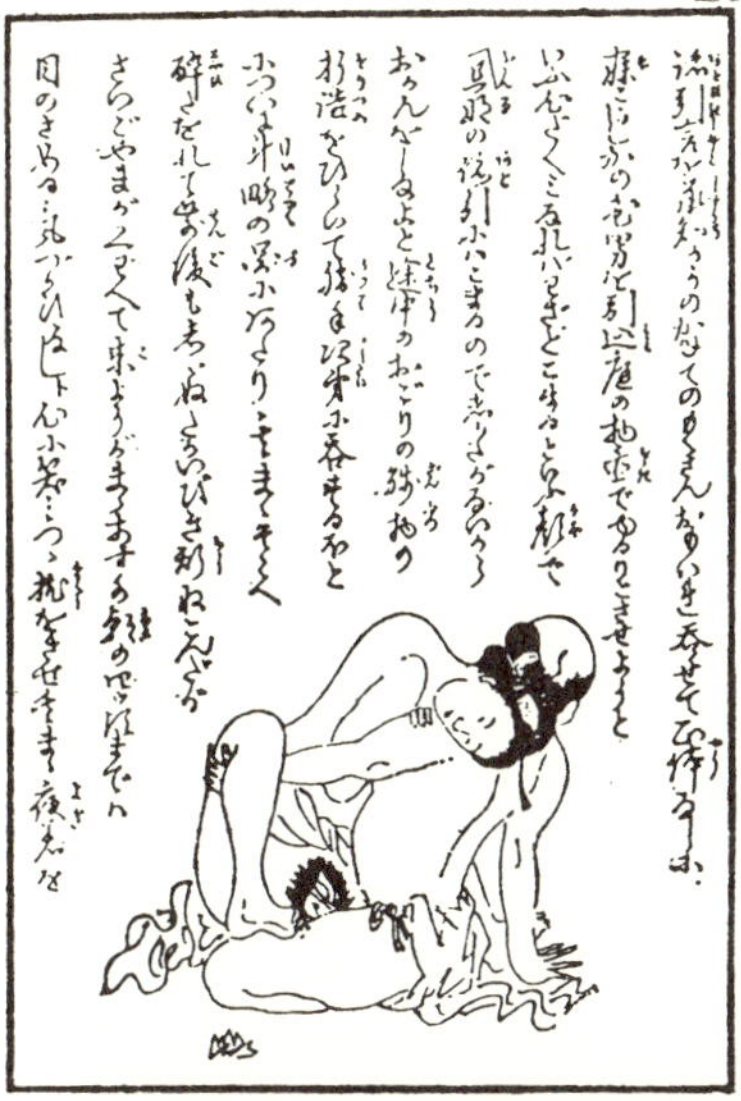

⑧　女上位の座位『風流鶯宿梅』
（江戸末期—1850頃）
俗称、居茶臼。

⑨　歌川国貞『艶紫娯拾餘帖』（天保期—1836頃）

その上に、おやまの片太股を置く。客の片方の足は、おめこに向いて伸ばして、おやまの片足の上に乗り、まらを入れる。

背臥位のうちの背側位である。いわゆる「うしろならび」であるが、女はある程度、臀部を突き出すようにする必要がある。男は、女の豊満な臀部の感触を楽しむことが出来る。あまり自在な運動は出来ないが、男根の勃起角と膣軸の差が大きいので、抜き差しの度に特異な性感を得る。女は蟻の戸渡りの刺激を多く受ける。欠点は、陰核の刺激が皆無になる。

⑩ おやま、上向きに寝て、両足を開いて、客をその中に挟む。その折、両足を挙げて、客の背中で両足を組む。両手は客の首を抱かえる。客は、両手でおやまの首を抱かえ、立て膝にて、まらを入れる。

男上前位のうちの、纏絡位である。「本手」のバリエーションの一つで、女が男の腰へ足を絡み付ける型である。俗に「あしがらみ」と言われる。屈曲位のような強い性感を覚えながら、全身が密着するので、接触感の欣悦《きんえつ》を感得出来る。江戸の艶本《えほん》にも、女が交合に際して絶頂感を感じ、「男の亀の尾にしっかりと踵を当て」などという描写がある。「亀の尾」は人間の尾骨である。川柳には、

七のづを足で女房はもんでやり（安六宮3）

とあり、「七のづ」は横隔膜の背後の辺りである。女房は足を開いて高く上げ、亭主の背中に踵を当てている状況である。

⑩　磯田湖龍斎『色道取組十二合』（安永初―1772頃）

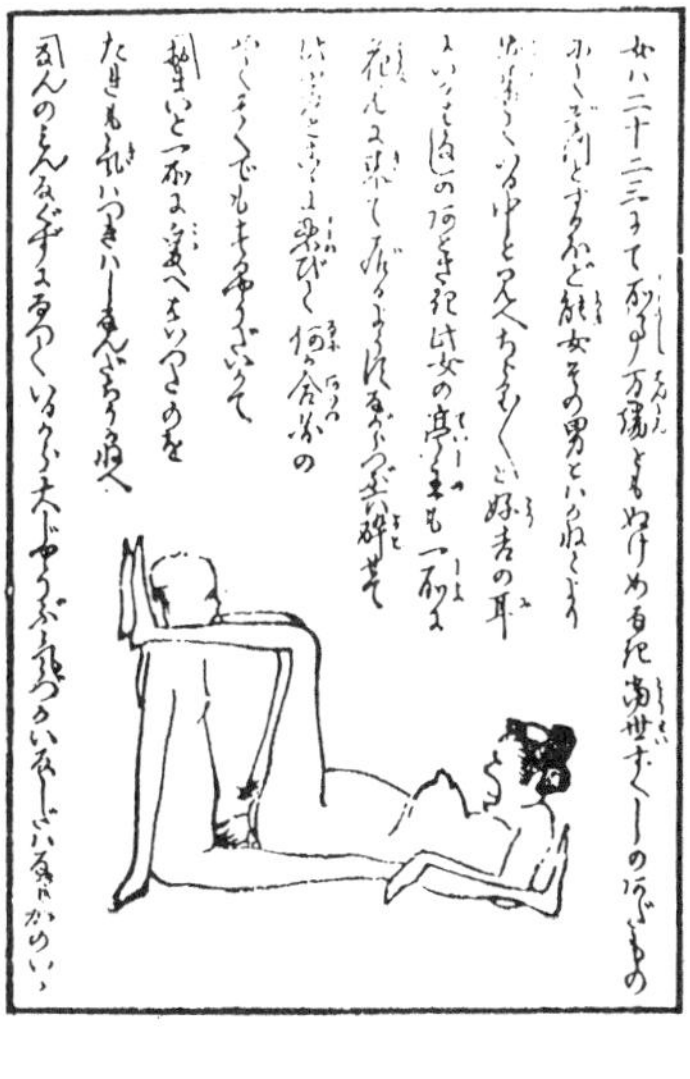

⑪a『風流鶯宿梅』（江戸末期―1850頃）
男は座位、女が両足を男の肩に乗せた体位。

⑪　おやま、上向きに寝て、両足を開いて、真っ直ぐ上に両足を挙げる。客は、立て膝にて、その足を片足でつっかえ、まらを入れ、片手でぼぼいらう。

女が真っ直ぐに挙げた両足を、男が片手で支え、男根を挿入してから、もう一方の手で女陰に手弄を施す。「本手」の一つであるが、上半身を密着させないで、陰核を手技で刺激しながら抜き差しをする。女の性感が倍加される体位である。

⑪b　菱川師宣『恋のむつごと四十八手』（延宝期―1679頃）

⑫　おやま、客ともに横寝の向き合い、おやまの片足を客の腹上に置く。客は両足を伸ばして、おやまの片足を持ち上げ、まらを入れる。

男、女ともに向き合った前臥位で、「横取り」「横づけ」と呼ばれるが、女の上方の足を持ち上げるのは、「外わく」という呼称もある。この側臥位は、互いに疲れなく安楽なのがとりえである。長くゆっくりと楽しむのに適している。

⑬　おやま、上向きに寝て、両足を開いて、膝を立てる。客、うつむき立て膝にて、その

⑫　横取り
『艶道日夜女宝記』（明和期―1770頃）

⑬　磯田湖龍斎『交合二十四好』（安永期―1777頃）
いわゆる「正常位」。

間に入り、両手でおやまのけつを持ち上げ、まらを入れる。

男上前位で、女開股位の「本手」である。巷間《こうかん》に言われる「正常位」に近い。わが国の女は下付きが多いようで、『おさめかまいじょう』に書かれている体位のなかでも女陰が男根の位置と密着させる技法が多く記されている。この型も女が足の裏を床に付け、膝を立てるので、女の動きは自由になるが、それでも男が女の尻を持ち上げることを推奨している。上体は互いにひっしと縋《すが》り付けるので、密着感を満喫出来る。

⑭ おやま、上向きに、両足を開いて寝る。客はおやまのけつを抱かえて、まらを入れる。その時、おやま、おのれの太股を、抱《だ》かえ締め、抜き差しする。

男上前位で、女開股位の「本手」であるが、女が自分の太股を抱いて、リズムを付けて動く点が特異である。この型では、ともに上半身は離れて密着はしない。女が主になって抽送し、男の快感を早めるものである。

⑮ おやま、客、向かい合いて立ち、互いにけつを抱かえて、まらを入れ、抜き差しする。

前向位の立位である。普通は、柱とか壁に寄り掛かって行うが、凭《もた》れる物が無い場合は、中々

⑭ 恋々山人『淫書開交記』第九篇（江戸末期—1850頃）

⑮ 『好色訓蒙図彙』
（貞享 3 —1686）

行為が難しい。俗に「立ち掛り」と称される。男が背が高いと腰を落とさねばならず、男は抜き差しによって射精に至ることはあるが、女はこの姿勢では絶頂感は感得し難い。

掃溜《はきだめ》を下女よくなって押っつぶし（安元仁7）

これは立位の交合をいう。下男などと逢引《あいび》きして、長屋の芥捨場にもたれて交合を始め、夢中になって押し潰したのである。

⑯ おやま、上向きに両足を開いて寝る。客は、中腰にて立ち、おやまの足を持ち上げ、そりくり身になって、まらを入れ、おやまの足を漕いで、抜き差しする。

男上前位の抱上位であり、俗に言う「かかえこみ」である。屈曲位のように女陰の位置は持ち上がらないが、それに近い効果がある。女の尻が浮き加減なので、運動はし易いが、男が反り身であり、女の足を摑《つか》んで揺らしながら抽送するから、男の疲れが大きいと思われる。上半身が離れているので、男は激しく抜き差し出来る。

⑰ おやま、うつ伏せに寝る。客は、横より足を伸ばして、片腕でおのれが身をつっかえ、片手でおやまの足を持ち上げ、まらを入れる。

⑯　歌川国貞『艶紫娯拾餘帖』（天保期—1836頃）

⑰　歌川国芳『花以嘉多』（天保期—1836頃）

斜横位の男上位なのであろうか。「松葉くずし」の一変形のようである。男の体軀《たいく》が女の下腹部と十の字になるように交差すれば、「十の字掛り」と呼ばれる。女はほとんど運動がしにくく、男だけが抜き差しをすることになる。

⑱おやま、上向きに両足を曲げて寝る。客は、おやまの片足を肩に乗せ、片足はおやまが、おのれで挙げさせ、まらを入れる。

男上前位の「かつぎ上げ」である。女の片足だけを男の肩へ乗せる。「肩車」とも称されるが、男のゆさぶり運動によって、様々な感触を男根は受ける。男根を強く嵌入すれば、子宮膣部《ポルチオ》にまで到達させられる。子宮膣部の触感を好む男女には、この体位が適している。

⑲軽きおやま立ち、客立ちて、まらを入れ、客はおやまのけつを抱かえて、歩くなり。時により、立ちておやまのけつを揺すって、抜き差しする。おやま、客の首を抱かえて放さず。

前立位であるが、直立したのでは挿入は不可能であるから、女は片足を挙げる必要がある。身長が低く軽量の女の場合に適する。いわゆる「立ち掛り」である。実際には、女が男の首にしがみついてぶら下がり、両足を広げて、男の胴に廻して絡み付くことになろう。この型は、「みこし」または「蟬掛り」と俗称される。男が歩行しながら、リズムを付けて抜き差しをし、または

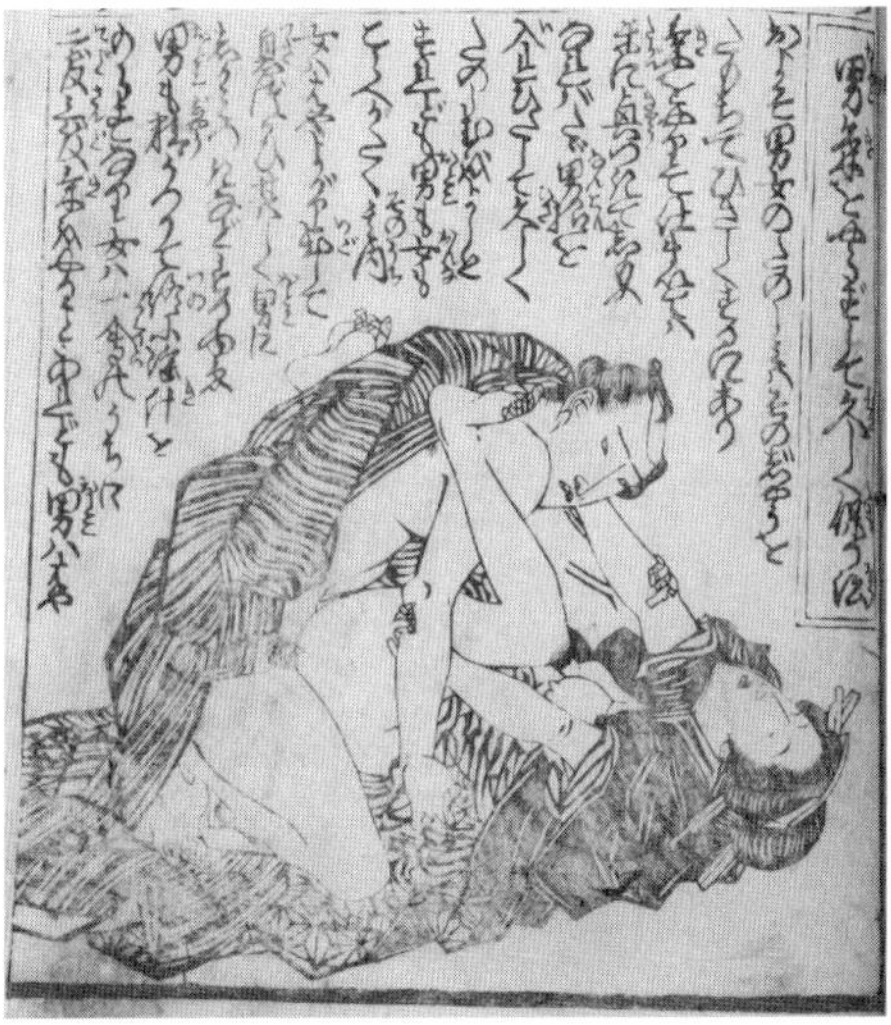

⑱ 『教訓女才学』
（文政６—1823）

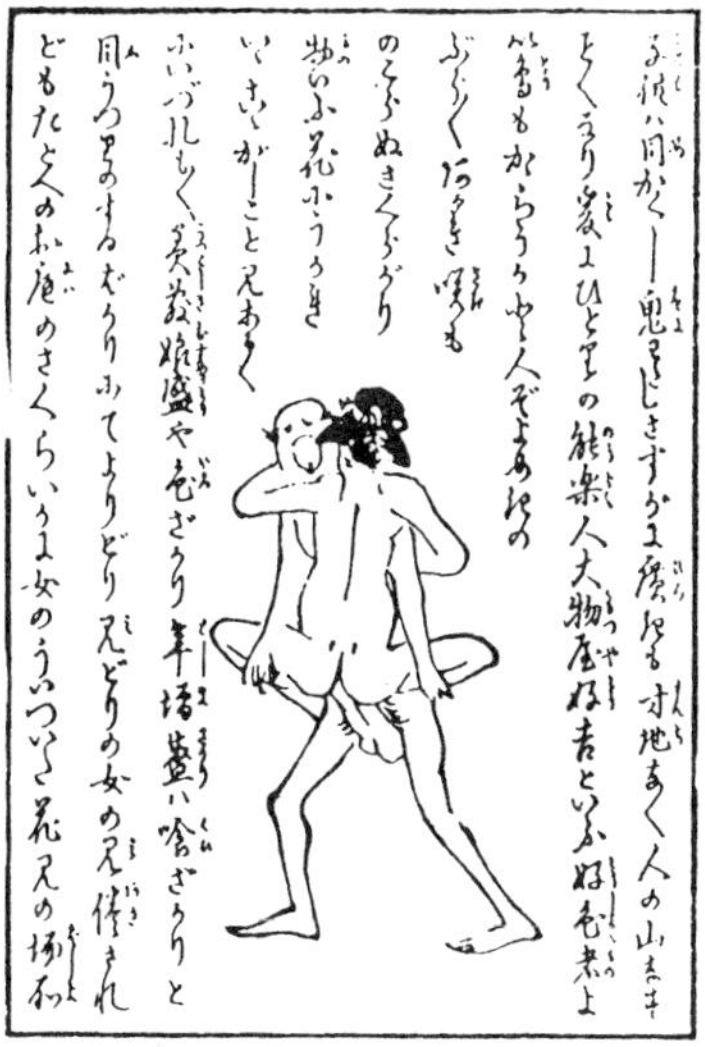

⑲ 立取り『風流鶯宿梅』
（江戸末期—1850頃）
女は男の首にしがみつき、両足を男に絡める。男は女を抱え挙げて歩く。

男が立ちながら、女の尻を揺すって抽送する。女はあまり運動し難いが、男が大きく抽送すれば、特異な感触を得ることになる。絶頂後まで、この体位ではいられないから、前戯的な効果になる。

⑳ おやま、両手突き、どたまを下げ俯《うつむ》き、両膝付きて足を開いて伸ばす。客は、おやまの後ろより、立ち膝にて、片手でおやまのけつを抱かえ、高けつにまらを入れ、片手でぼぼをいらう。

男上背位の体位で、古来、普遍的なものである。「うしろ取り」「けつもどき」「ひよどり越え」などと呼ばれる。男は女の肛門をかするように、上から下方に向けて挿入する。男は女の豊かな臀部の感触を楽しみ、女の肛門を性毛で刺激しながら、膣《ちつ》の奥深く抜き差し出来る。膣の底部にまで入るから、強く嵌入《かんにゅう》すると鈴口が子宮膣部を真っ直ぐに圧迫するため、これを好む男女には最適である。陰核は刺激の対象外になるので、男は片手で手技を施すのがよい。これも膣内に空気が侵入し、無粋な「風声」を発することがある。

㉑ おやま、うつ伏せに両足を大けに開き、伸ばして寝る。客は、その太股内に入り、少しく立て膝伸ばして、片手で乳を揉み、まら入れて、片手でぼぼいらう。

これも、男上背位である。腹這《はらばい》で伏臥《ふくが》している女の股間に入り、女の少し浮かした腰部を抱え

⑳　歌川国芳『江戸錦　吾妻文庫』(天保期―1838頃)

㉑　『好色訓蒙図彙』(貞享３―1686)

込むようにする。女の腹の下側から手を伸ばして乳房を摑《つか》む。乳房を揉《も》みながら、男根を挿入し、他の手で陰核を刺激する。「うしろまき」「つぶし駒がけ」と俗称する。乳房と本技と陰核を同時に刺激するので、いわば「三所攻《みところぜ》め」となる。ふつう、三所攻めと言うと、口吸い・本技・乳房を攻めるのを要点としているが、これに陰核の手弄を加えると「四国攻め」とも称する。

㉒ 客は両足を前に出して座る。おやま、その足の方を向いて、客の両股、まらの上に乗り、ぼぼに入れる。おやま、少しく前に手を突き、俯《うつむ》きてまらを擦《こす》る。客はおやまのけつを抱《だ》かえて、抜き差しさせる。

背座位の中の女上背位であり、逆乗位でもある。女が膝位を取ると、いわゆる「逆茶臼」と呼ばれ、跨位を取ると「うしろ櫓《やぐら》」または「帆掛舟」と称される。男根の勃起角と膣軸の反《そ》りが反するので、抽送による刺激は強い。しかし、女の熟練性を必要とする。男は運動をわずかに上下させるだけで、主役は上に乗る女の動きである。女の肛門と抜き差しする接合点が、男の目前に露呈されるので、男の視覚的な悦楽を満たすことが出来る。

㉓ おやま、上向きに寝る。おのれが両股を上に持ち上げ、けつを挙げる。客は立ち膝、反りくり身になって、おやまにけつを向け、片手でまらを持って入れ、片手を前につっかえ、抜き差しする。

㉒　曲取り
恋々山人『淫書開交記』第五篇
（江戸末期―1850頃）
女が尻を高く持ち上げ、座位の男に
後ろ向きに接する。

㉓　逆交型
『風流鶯宿梅』
（江戸末期―1850頃）
男上位で逆向きに接する。

男上背位である。女は両股を持ち上げ、尻も持ち上げる。男は立て膝で後ろ向きに女の股間に近づき、片手に男根を握って挿入する。男の尻は女の下腹部の上部の中空にある。男は尻を突き出すようにして、前屈みの上体を支えるように、片手を床に付けたまま、抜き差しをする。かなり無理な姿勢なので、疲れやすいが、男根は正常位とは違って裏返しに入るので、特異な性感が得られる。男が深く腰を落とすと、鈴口は子宮膣部にまで達する。男根が下向きに反るために、そのままでは抜けやすいから、手で押さえながら抽送する。

㉔ おやま、うつ伏せに寝て、両足を大けに開く。客は、その両足を、おのれが腕に乗せ、片手でけつを抱かえ、まらを入れ、片手でぼぼをいらう。

男上背位で、「うしろ掛り」の一つである。うつ伏せの女の開いた両足を、男は腕に乗せるというのは、中々大変である。男は片手で女の尻を抱き上げて、挿入する。女の尻は少し浮くのであろうか。男は抜き差ししながら、手で陰核を刺激する。これは前戯的な体位で、裸の女体の感触と、女の反応を楽しむためのものである。

㉕ 客は、両足を開いて前に伸ばし、そりくり身になって座り、両手を後ろにつく。おやま、まらをぼぼに入れ、同じく両手を後ろにつく。時に、別のおやま、まらを入れたるおや

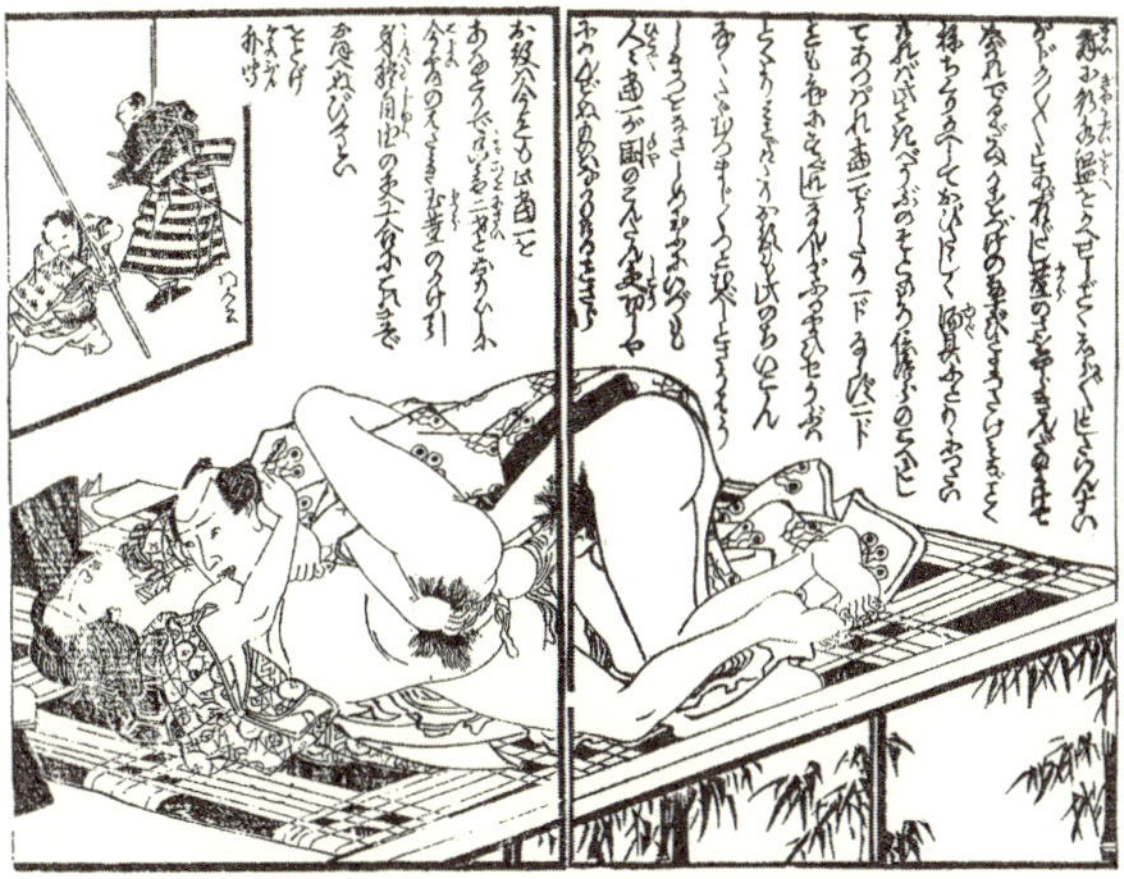

㉔　恋々山人『淫書開交記』第八篇（江戸末期―1850頃）

㉕　歌川国虎『祝言　色女男思（いろなおし）』（文政期―1825頃）

まの背と、けつを押して、抜き差しする。

女上位の前座位のようである。「向う突き」または「鏡茶臼」と呼ばれる。互いに座位のまま接し、上体を反らせていれば、身体の接触面はほとんど無いが、接合点が丸見えとなる。抜き差しの卑《ひ》猥《わい》な音を聞きながら、視覚的な好色性が満足させられる。足を互い違いに交差させれば、「花筏《はないかだ》」「鯖《さば》の尾」とも呼ばれる体位になる。特異な触感を賞味出来るが、動きは大きくないので、絶頂には至り難い。そこで、他の女郎が手伝って、交接中の女郎の背や尻を押して、抽送の補助を行うのである。

㉖ 客、上向きに両足を開いて寝る。おやま、その上に乗り、両足を開いて、まらを入れ、爪先立てて踏ん張り、上下に抜き差しする。

女が両膝を突いて乗るのは「本茶臼」であるが、この体位は、両膝を立てて、床に足裏を置くのである。したがって、これは女上跨位であり、俗に「腹やぐら」「時雨《しぐれ》茶臼」「機織り茶臼」と呼ばれるものである。女が熟練していれば、男は、女の豊かな乳房を目前に見ながら女の上下運動によってもたらされる美快を、男根全体に受ける。これに轆轤《ろくろ》運動の回転が加われば、美快の極致を味わえる。根元から雁首、それに鈴口に至るまで、微細な刺激が連鎖となり、根元から精液を搾り取られるような快美感を得て、果てることが出来る。

㉖『好色訓蒙図彙』
（貞享３—1686）

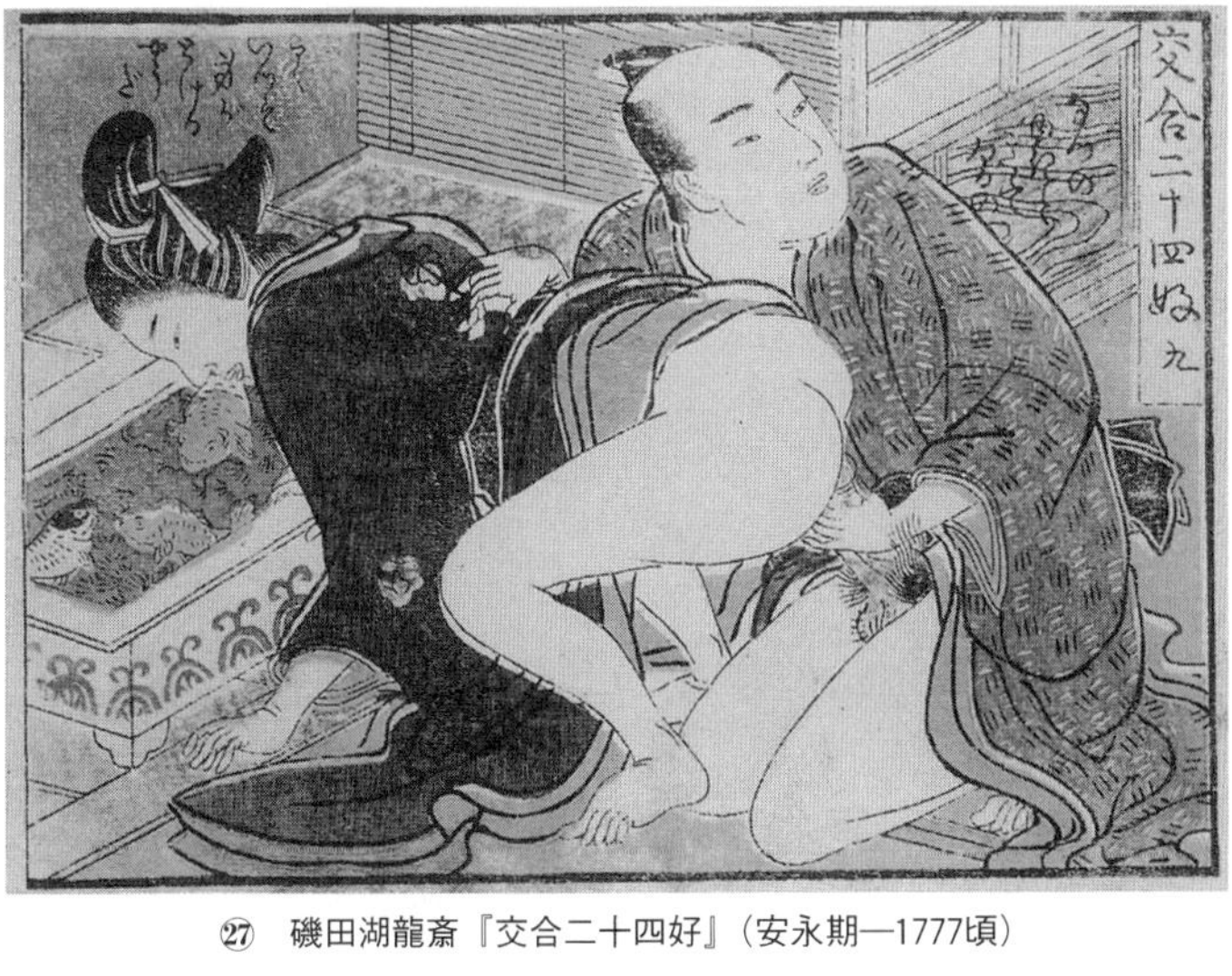

㉗ 磯田湖龍斎『交合二十四好』（安永期—1777頃）

㉗おやま、両手を前に突き、両足開いて立ち、けつ高にする。客は、その後ろより、おやまを抱かえてまらを入れ、片手で腹を持ち、片手は腹よりどてとぼぼをさする。

男上背位の代表的な体位で、四肢位の一つである。俗に「種子島」「大渡し」「駒掛け」と言われる。女の頭部が低く、臀部が高くなるので、膣も伸びる。男根の全てを没入できる。男の尻が浮いているから、男は女の豊満な尻肉と接触させて、自由自在な運動が可能である。男は女の腹部を抱え込むことで、接触感も豊富である。抜き差ししながら、男は女の腹側から手を伸ばして、空割《そらわれ》や陰核を弄《いじ》るので、交合感も深められる。欠点は、膣に空気がふんだんに流入するから、「風声」が起こり易いことである。

㉘おやま、横向きに寝て、両足を大けに開く。客は、その内に横向きに寝て、片足をおやまの片足の上に乗せ、片足を腕で抱かえて、まらを入れる。

前臥位であり、双臥位の一つである。いわゆる「横取り」「ならび」である。女の開いた股間に男が入って、男が女の股に挟まれるような体位は、「矢はず掛け」とも呼ばれる。男女ともに疲労は少ないので、ゆったりと長く楽しむには適している。男の運動は自在には出来ないので、男が絶頂を感じたければ、すぐに正常位に移行することが出来る。

㉘ 磯田湖龍斎『交合二十四好』（安永期—1777頃）

㉙ 溪斎英泉『春情指人形』（天保期—1838頃）

㉙ おやま、上向きに寝る。けつ下に布団を入れて、足を大けに開いて、立ち膝にする。客は、立ち膝そりくり身になって、まらを入れ、ぼぼをいらう。

男上前位のうちの、腰高位である。いわゆる「枕掛り」である。女は、腰の下に畳んだ布団や座布団、または枕を置いて、腰を高くする。女の体が弓なりに少し反るくらいにする。女陰が上に挙げられるので、男は楽に挿入出来る。屈曲位と同じように、男根は奥深く没入するので、接触感が濃厚である。わが国の女は、下付きが多いと言われるが、この体位では上付きの女と接しているのと同じ感覚を賞翫《しようがん》出来るのである。女陰が露出するので、男は行為しながら、探春の欲求を満たすことも出来るのである。

㉚ おやま、踏み台に両手を突いて、うつむく。けつを高く挙げ、両足を開いて立つ。客は立ちてまらを入れ、前の桟《さん》で両手つっかえ、抜き差しする。

男上背位のうちの背立位である。四足獣の交合体位は四肢位として知れ渡っているが、それを応用して、女は踏み台を使うものである。「後取り」の一種であるが、女が支柱として踏み台を使うので、「(後ろ)よせかけ」「(後ろ)凭《もた》れこみ」または「駒掛け」と呼んでよいと思う。これも男根は膣《ちつ》の奥深く侵入されるが、やはり「風声」を発することが多い。女は、この体位では絶

㉚　恋川笑山『旅枕五十三次』（安政期―1856頃）

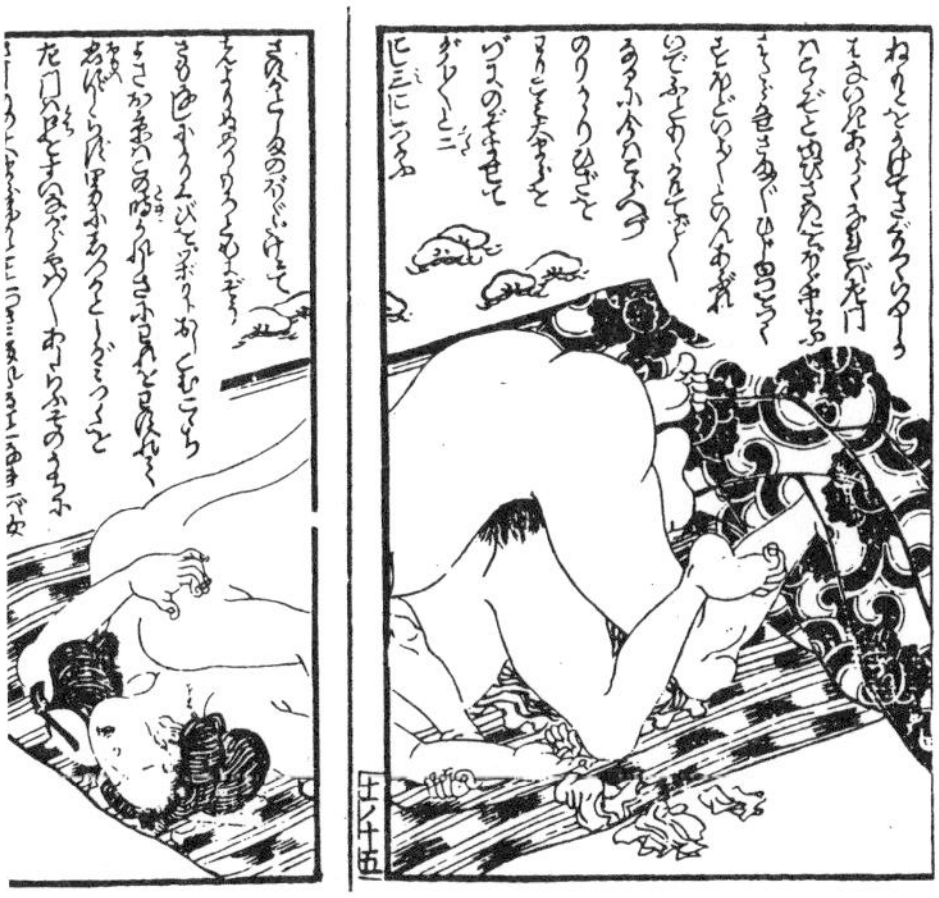

㉛　本手取り

恋々山人『淫書開交記』第十一篇（江戸末期―1850頃）

連続しての取り組み。紙が多く散らばっている。

頂に耐えられないから、男のための体位のようである。男は立位であるので、抜き差しが十分に行えるように、桟などに摑《つか》まり、それを支点として体を動かす。

㉛　おやま、上向きに寝る。両膝を立てて、けつを浮かすよに両手をけつ下に入れる。客は、両手突き、両膝立てて、上に乗る。おやま、両手でおのれがけつを抱かえて、抜き差しを受け、又おのれもけつを使う。又は、客両足を伸ばし、爪先立って、抜き差しする。

男上前位の正常位である。俗に「まとも」「本手（取り）」「本馬」などと称される。現人類がもっとも広く行っている体位である。女郎が男に交合の旨《うま》みを味わわせる工夫として、尻を浮かせるようにしている。この点は、素人の女と大いに違う所である。女が普通に仰向いて寝ると、女陰はかなり下方に位置する。男は手や肘《ひじ》を女の上体の両側に突いて、体重をあまり掛けないようにする。男が抜き差しをして快愉を感じたら、女は自分の尻下に入れてある手を用いて、尻を浮かせて十分に揺すり、男の快感を倍加させるようにする。女が尻を浮かせるようにしているから、男は足を伸ばしても、抽送は容易である。

㉜　おやま、横向きに寝る。両膝を曲げ、両手で抱かえる。客は、後ろより、けつをまら前にして、まらを入れる。又は、おやま、片足を曲げ、片足を伸ばす。客は、後ろより、おやまけつをまら前にして、まらを入れる。又は、おやま、片足を曲げ、片足を伸ばす。客は、

㉜　磯田湖龍斎『交合二十四好』（安永期―1777頃）

㉝　後背位

恋川笑山『旅枕五十三次』（安政期―1856頃）

後背位を描いて、見事な構図である。

その上に乗り、おやまの片足を腕で抱かえて、まらを入れる。

背臥位であり、男は女の後ろから接する。男が女の背から離れて、女の臀部に下腹部を接する型は、「窓の月」と俗称される。中国では、この体位を「隔山取宝《かくさんしゅほう》」と言う。豊満な女の臀部を山に例え、山を隔てて宝を取るという意味合いである。女は両膝を両手で抱えているために、屈曲位の逆型となる。全身の接触感には乏しいが、男根の勃起角と膣軸との差が大きいので、摩擦感は強まり、刺激は大きい。女は蟻の戸渡りの刺激を受けるが、陰核は刺激の埒外《らちがい》に置かれる。

㉝　おやま、うつ伏せに両足を開いて寝る。腹下どてに布団を高く入れる。客は後ろより、両手を突いて上に乗り、爪先立てて抜き差しする。

男上背位の腹臥位であるが、女が腹の下に畳んだ布団を高く折敷いているので、背立位に近い型である。俗に言う「うしろまき」「つぶし駒掛け」である。女体は内側に湾曲する肢体になる。男は半身を乗せて接する。男は自在に運動することが出来るばかりでなく、これも男根の勃起角と膣軸との差は大きいので、摩擦の軋《きし》む感じが強く、男の交合欲が満たされることになる。

㉞　おやま、上向きに両膝を曲げて、両足をけつの下に入れる。客は、前に両手突き、両膝付けて、うつむいてまらをさね裏に入れて、抜き差しする。

㉞　曲取り
『偶言三歳智恵』（文政期—1820頃）
女は屈曲位で、男は上位で逆向きな体位。

男上前位であるが、男は跨座するような感じで、上体を屈して真下に男根を入れる。かなり無理な体位で、女は海老責《えびせ》めのような肢体になる。男は俯《うつむ》いて四つんばいであるので、膣の奥深くには挿入できない。これで、女が尻を高く挙げれば別であるが、おおよそ膣口に入れて抽送する。膣口付近で抜き差しすることになるから、亀頭部への刺激だけとなろう。

女のための交合体位ではなく、男に素人女とは違った感触を与えるためのように思う。

㉟　おやま、上向きに両足を大けに開いて寝る。客は、おやまの足の方へ、どたまを向け、同じく両足を開いて爪先立てて、両手でおやまの足を抱かえ、まら入れさす。おやま、まら抜けざるように、折りに指を添える。又は、おやま、上になり、客を上向きに寝かせて、おやまのどたま、客の両足の間に入れ、まらを入れ、抜き差しする。

男上位の逆角度の接し方で、これは珍奇な体位である。深くは嵌入できないが、男は女の双方の足を手で持つことになり、特異な接触感と性感を感受する訳である。結合が浅いために抽送中に男根が抜けることがある。そこで、女は手を添えて、それを防ぐのである。女が上になる場合は、「下がり藤」と言われることがある。逆女上位である。女の頭は、男の両足の先端の方にあるので、上下運動よりも、左右への揺すぶりや円運動が相応《ふさわ》しい。これも素人女などは行わない体位であるから、男に女郎と行為するのを喜ばせる効果がある。

㊱　おやま、上向きに寝て、両膝を折りて、けつの下に入れる。客は、少しく立ちて、まらを入れ、片手でぼぼを開けて、一度は抜き、一度はぼぼに入れるを、繰り返す。

何より何より、よき事は、おやま客とも、首を抱かえ、両足開くか、両足揃えて伸ばし、まら入れて、おやま上なり、下なり、客上なり、下なりがよし。その抜き差し、さね裏、まらつり首の擦《こす》りなり。

男上前位である。㉞とほぼ同じであるが、男は立ち膝で挿入するが、この行為の素晴らしさは、男の性の遊び心を満喫させる点にある。男は片手で女陰を弄しながら、膣前庭部を開き加減にして、勃起した男根を抜き去ったり、再挿入したり、それを繰り返すことによって、普段では出来ない行為を行えるのである。濡れそぼっている女陰を見ながら、そこに出し入れする己の赤黒く勃起した男根を目の当たりにして、交合だけでなく、それに付随する好色心を煽《あお》らせるのである。

そして、交合体位の締めくくりとして、どんな変形な交合でも、結局は男と女が互いの首を抱き合い、両足も開くか伸ばすかしかなく、男根の挿入後も男女が上か下かを繰り返すことしかない。これをしっかりと弁《わきま》えて、勤めることが肝要であると述べる。そして、行為中の抜き差しによる刺激も、つまる所、女の場合は膣口であり、男の場合は亀頭部包皮小帯の摩擦に尽きると言う。

「さね裏」について、説明をしておく。「さね」は核のことで、陰核を言い表しているのが普通であるが、「下水翼《しもひだ》」という呼称があり、これは小陰唇のことで、その別名を「尿翅《われざね》」と言う。したがって、「さね」という和語には、小陰唇という意味も含まれており、本書の場合の「さね」は陰核であるよりは、小陰唇を指していることが多い。そこで、ここに言う「さね裏」は陰核の裏側と考えてもよいが、小生はあえて小陰唇の部位であると捉え、膣口としたのである。

さて、実践的で、男の好色心を堪能させるような交合体位を、これほどまでに詳述した例は皆無である。小生が渉猟《しょうりょう》した範囲では、わが国で最古の医学書『医心方』(永観二―九八四)では、交合体位は三十態、『黄素妙論』(天文年間―一五五〇頃)では九態、『好色旅枕』(貞享四―一六八七)では十六態、『新撰古今枕大全』(宝暦後期―一七六〇頃)では八態、『閨中紀聞　枕文庫』(初編、文政五―一八二二)では八態である。『おさめかまいじょう』の記述表現から推測すると、『医心方』や『黄素妙論』の影響が感じられ、これをベースにして経験上の知識を加味していったようである。

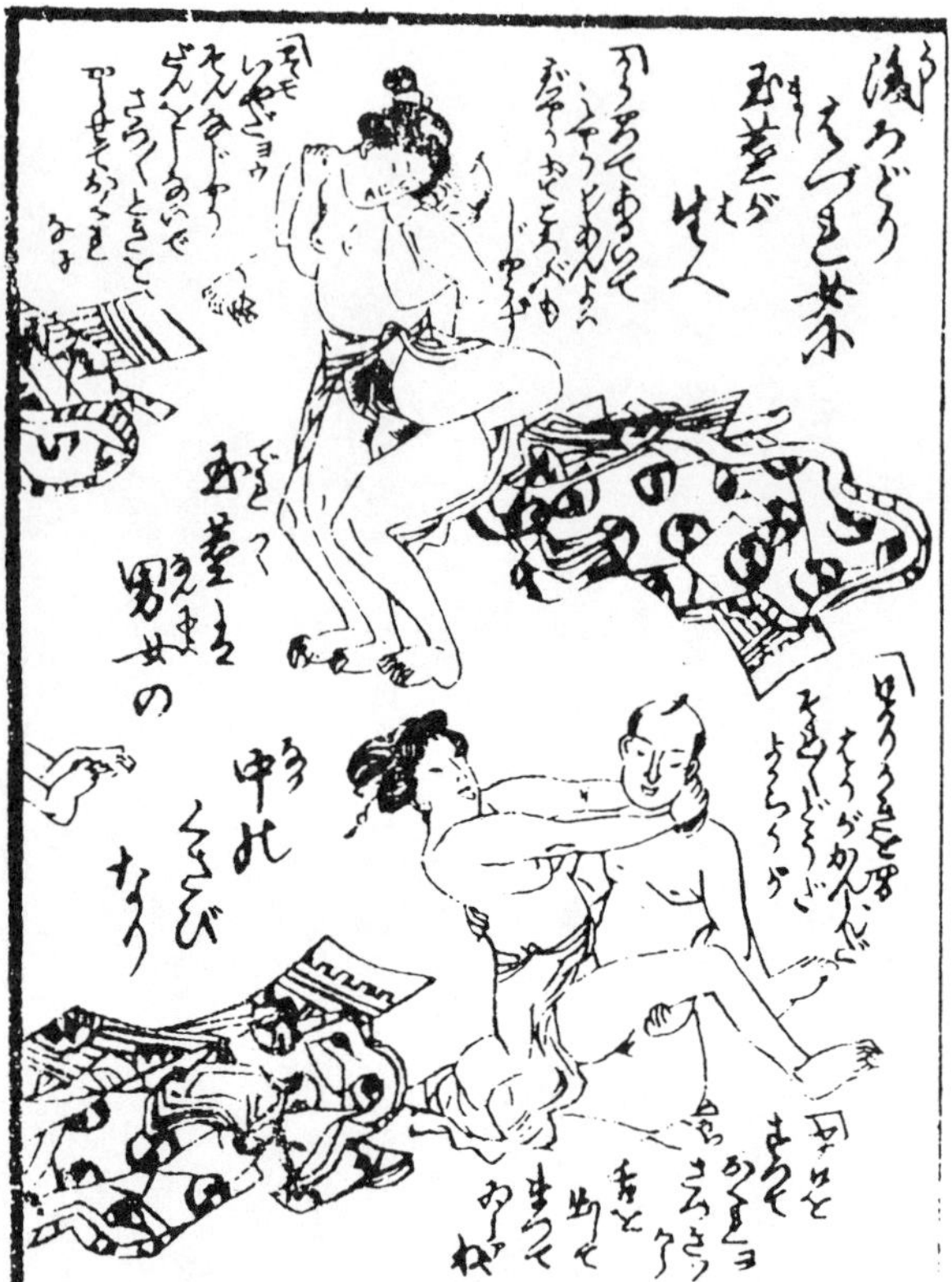

曲取りの数々　その一
『忠臣蔵柳多留守』二編（嘉永期―1850頃）
「後（うし）ろどりはづれ女に玉茎（まら）が生（は）へ」
「玉茎（でれつく）は男女（なんにょ）の中のくさびなり」

曲取りの数々　その二
『忠臣蔵柳多留守』二編
「きょく交合（どり）ハ骨（ほね）やはらかなうちのこと」

二七、女二人と男一人の技法　その一

現代でも二輪車などと言われて、複数の男女の交合の遊びがあるそうである。『おさめかまいじょう』では、この点についても詳述している。

其の中に好きもんありて、おやま二人をあげる。

客は、両足を伸ばして座り、後ろに両手を突く。前のおやま、両足を伸ばして座り、両足を客の腿《もも》の上に置く。別のおやま、客の後ろに廻りて、前のおやまの両足を漕《こ》いで、抜き差しする。

これは、二人を同時に行うのではなくて、一人は抜き差しの手伝いをするものである。殊の外、女遊びが好きな男がいて、女郎を二人同時に部屋に呼ぶ。男は両足を投げ出すように前に伸ばし、後手を突く。一人の女郎は、男の前に座り、両足を伸ばして、男の腿の上に置く。女上座位の型である。いわゆる「居茶臼」である。女は、男の太股の上に座って、男根を挿入する。他の一人の女が、男の後ろ側に座って、男の上体越しに前の女の両足を捕まえ、それを前後に揺するようにして漕ぐ。この手助けによって、女の茶臼型の動きに変化と早さが加わり、男は美快を感じることになる。

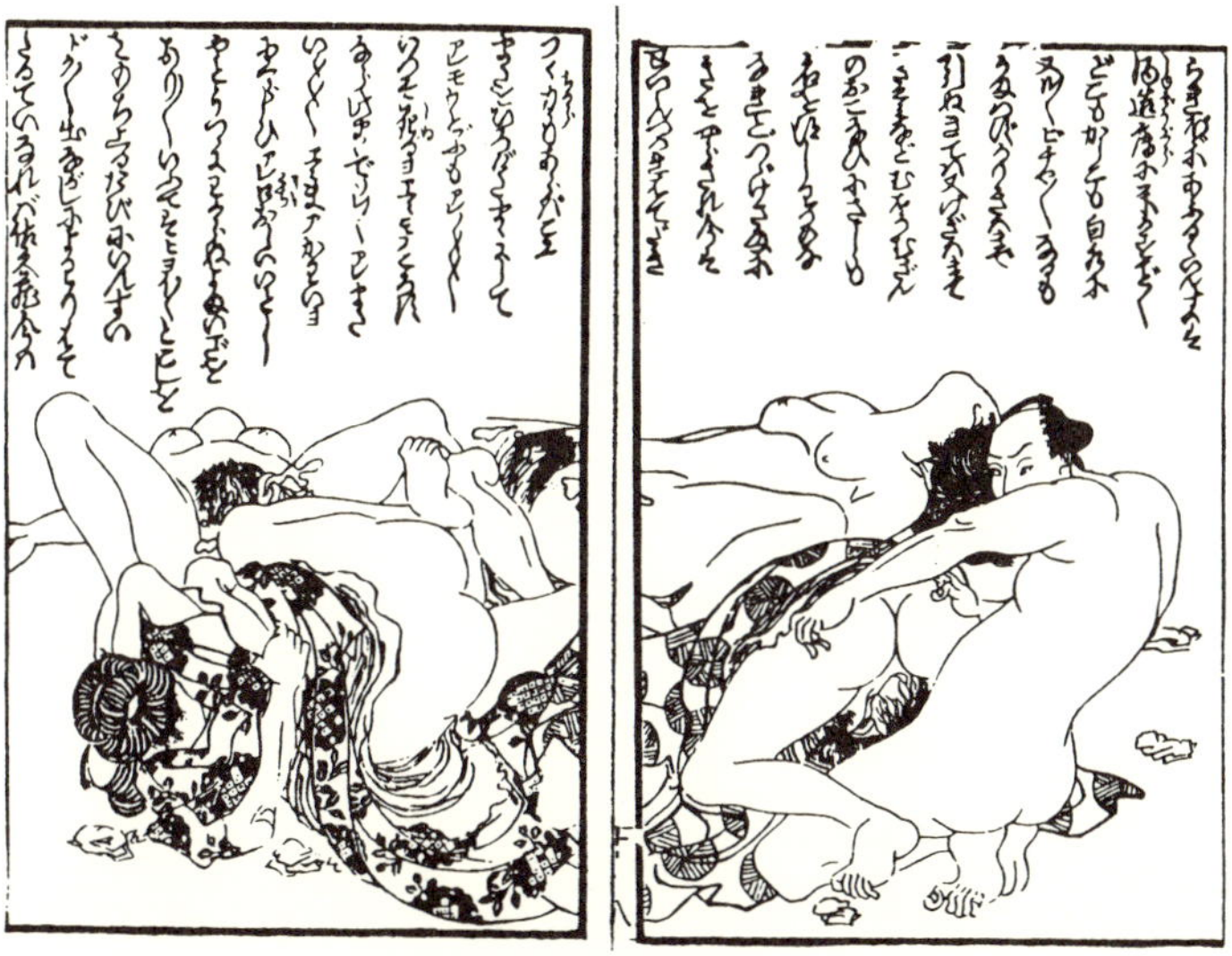

二人の男と四人の女
恋々山人『淫書開交記』第十篇（江戸末期―1850頃）

二八、女二人と男一人の技法　その二

今度は、二人の女と同時に交互に接する方法である。

おやま一人は、上向きに両足開いて、おめこを開ける。も一人のおやま、その横上に、うつ伏せ、同じく両足開いて、おめこを開ける。客は、じょら組んだり、立て膝にして、まらを両方、互いに入れ、抜き差しする。

この体位の呼称は、寡聞《かぶん》にして不明である。女が一人仰向けに寝て、両足を広く開け、女陰を大きく露呈させる。もう一人の女が、重なるようにしてうつ伏せに乗り、これも下の女と相似して、両足を広く開いて、女陰を大きく露呈させる。男は重なった女二人の股間で、胡座《あぐら》をかいたり、または立て膝になったりして、男根を下の女陰に挿入して抽送し、すぐに抜去して、上の女陰に嵌入して抜き差しし、これを繰り返す。

この体位は、男の気を魅くものと見えて、種々の性愛秘伝書に記されている。これは『黄素妙論』の「魚接鱗《ぎよせつりん》」に相当するものである。

二女を相手に
『恋のむつごと』（延宝7―1679）
上と下に女を重ねて、これから取りかかる様子。

二九、女二人と男一人の技法　その三

今度は、曲芸的な技法である。慣れないとうまく接合できないようである。

おやま、別のおやまに、半逆立のよに抱《だ》かえてもらう。どたまを、そのおやまの股倉に乗せ、腹持てもらいて、腹を折り、両足を前に下ろして足を付ける。客、後ろ向きにて、うつむいて立ち、おやまのけつと、おのれのけつを向かい合せ、片手でまらをぼぼに入れる。抜き差しするに、抜けざるよに、別のおやまが、まらを持ち添え、片手は半逆立ちのおやまの腹より、おめこのさね、ねきいらいて締める。

女は他の女に手伝ってもらい、前向きに立って足の裏を床に付け、頭を前下方に異様に低くして、頭が挙がらないように、他の女の股倉に突っ込むのである。前倒しに前方に屈曲しているので不安定であるから、他の女に腹部を釣り上げるように持ってもらう。尻を突き出すようにしている女に、男も後ろ向きに迫り、うつむいて尻を突き合わせる。男は男根を下方に肛門越しに折り曲げるようにして、手で支えながら女陰に挿入する。無理な角度であるから、特異な刺激が伝わるであろうが、抜けやすい。そこで他の支えている女が男根を押さえ付ける。そして腹を釣り上げている手を伸ばして、交合している女の陰核やその根際《ねき》を指先で触って刺激を与え、男根をも握って締め付ける。

乱取りの場面
恋々山人『淫書開交記』第七篇（江戸末期―1850頃）

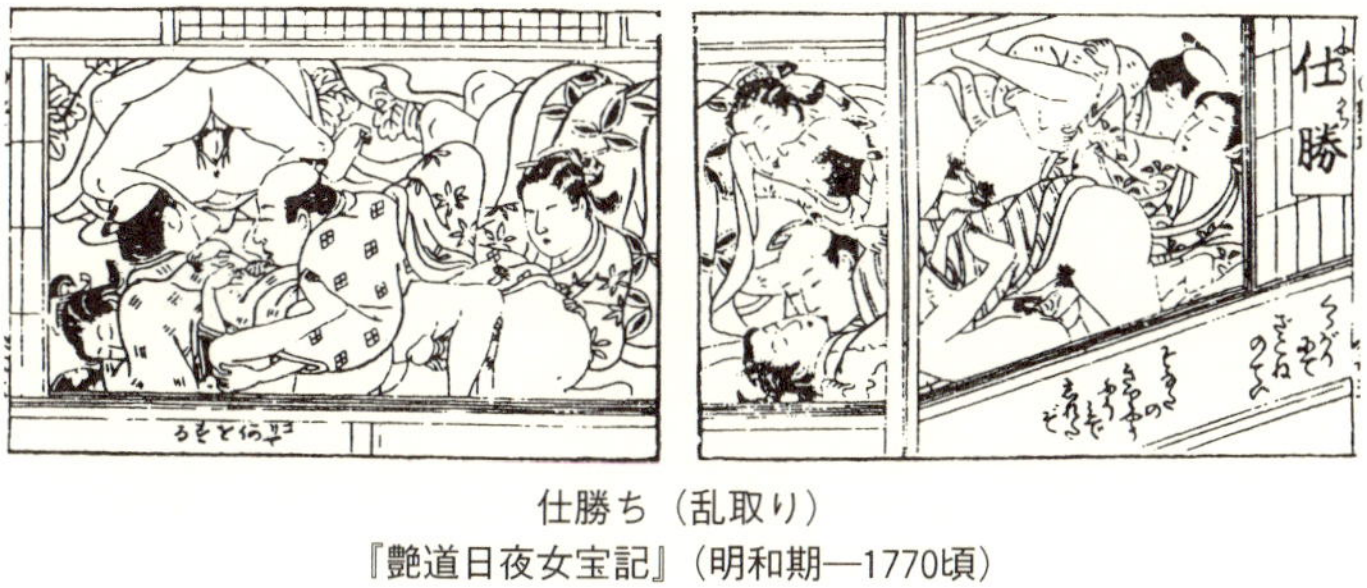

仕勝ち（乱取り）
『艶道日夜女宝記』（明和期―1770頃）

物凄い秘法で、これはこれで男の交合の衝動を和らげる効果があるのであろう。女二人と取り組んでいるという壮絶感は、男の悲壮な性行動の現れなのである。

以上で、この『おさめかまいじょう』の通解と解説を終了するが、何とも壮絶で、凄惨な書なのであろうか。この秘伝書の末尾には、

これらが型、商い繁盛、人気なれば、みなのおやま、ならいかまう可《べ》し。

とあり、おのれの肉体を酷使し、それで生計を立てる女郎という境涯の辛さが偲《しの》ばれる。その女郎を監督・管理しながら経営する女郎屋の経営者もまた、並大抵ではなかったであろう。女郎を扱《しご》き、技を会得させ、客が歓喜するような秘技を持つ女郎に仕立て、客の人気を集める。そのためのノウハウがこの秘伝書には詰まっている。

門外不出の秘伝書として、綿々と語り継がれ、密かに筆写され続けたこの本は、最高機密の書であり、元

病・妊娠・折檻・堕胎
三代歌川豊国画『廓の明け暮れ』(安政頃—1855頃)
病で医者の診察を受ける女、妊娠して叱られる女、掟を破って折檻される女、堕胎手術を受ける女、女郎たちの隠された実生活の点描である。

三婦急好（三人の女と）
『艶道日夜女宝記』（明和期―1770頃）

文三年（一七三八）、西京で銭湯（遊女屋）を始めた初代以来、三代を経て久助の三男である幸三が道後で湯屋を開いて、筆の立つ番頭にでも密かに筆記させた家訓は、写し継がれ、補筆されたのである。

初代が、恐らく十四年間の経験と知恵を身に付け、そのさわりを記録したのが、宝暦二年（一七五二）なのであり、その後秘蔵され活用された秘伝書は、七年後の宝暦九年と、そして明和七年（一七七〇）には次男に受け継がれて、それぞれ浄書されたのである。

さらに下って文化三年（一八〇六）桃月の日付で、「法要　京湯楼」とある。三十六年後、楼主の死去により法要が営まれ、これを受け継いだ子孫が、新たに筆写し直したものである。次いで、文化十年正月の日付がある。代々の楼主やその近親者によって読み耽《ふけ》られた本書は、書き込みや破損が甚だしいため、再び七年後に書き写されて新装成ったものと思われる。

実に、初代の体験と知恵の企業秘密は、綿々と七十五年間、秘匣《ひこう》に納められ、密かに頁が捲《めく》られ、書き継がれて、温存されたのである。そして、約二百七十年後の今、現代にその凄絶な秘密のベールを脱ぐことになった。江戸中期の性愛文化の素晴らしさを繙《ひもと》くとき、交合技法における先進性は世界に冠たるものであると思わざるを得ない。この秘稿のタイムカプセルは、性愛文化の金字塔なのである。

第二章　女への大悦

一、女との肛交

多くの川柳を調べて見ると、好色な男たちには潜在的な肛交願望があり、男色ではなく、女の後庭華を狙うという句が多くある。それは、陰間《かげま》が商っていて、金さえ出せば肛交が体験できる筈であるが、それとは別種の欲望のように思う。『おさめかまいじょう』にも明記されているように、女郎屋に女を買いに来て、肛交を要求する客も多いという。江戸末期には、色道指南書が数多く出板されているが、男色には触れていても、女との肛交について述べているのは絶無である。『おさめかまいじょう』の、女が肛交を受ける場合の技法と心得が、天涯唯一の記述ではなかろうか。

ともかく、交合に習熟した頃、男は女房にそろそろと迫ってみることがある。「なあ、ここも味がいいと聞いているが、どうだい」と、裸の尻を叩いて暗に要求する。ところが、そんなことは論外だとばかりに、

よし町へ行きなと女房かさぬなり (天元智2)

と、たちどころに拒否される。「それ専門なのは芳町だよ。お釜がしたけりゃ、芳町に行きな」と、クルッと逃げてしまう。この句より少し時代下がって三十年後の文化八年(一八一一)の句

女一人に男が二人『逸題名』（慶長期―1600年代初頭）
江戸時代以前に、すでにこの図柄がある。
女上位で男と接している女に、他の男が肛交。

にも、

よし町へいきなと女房承知せず（五四15）

とある。「痛くしないから、ちょっとだけ入れさせてくれよ」と、亭主が迫ったものである。男の好色な探究心は、いつも時代を越えているものである。

また、今夜は無言で実行してみようということで、交合をしかけるふりをして、女房の肛門に当てがって挿入しようとする。

女房の搦手《からめて》を責め叱られる（三九32）

女房は、すぐに悟って、「そこは違うだろ。馬鹿らしい。いい加減におしよ」と痛烈な叱責《しっせき》を浴びせる。芳町に行く資金のない男たちは、何とか攻略をしようとするが、女たちは「けつ取り」を承知しないのである。

男どもは、何とか肛交を受諾してくれそうな女を物色する。あの淫乱という評判の下女ならばどうだろうとばかりに、その機会を設定する。

口説かねば下女でもけつはさせぬ也（葉末8）

「後ろから？　やだよ。猛烈に痛いって言うじゃないか。そんなの、御免だよ」と拒絶される。前門ならば、あまりごたくを並べなくとも、すぐに応じる下女においてすらこうである。しかし、この句の面白さは、あれほど淫乱な下女はすぐに交合に応じるが、肛交の場合は、何とかうまく口説けば応じることもあるということを言外に示唆している点である。

下女などが雇い主から不当な扱いを受けると、請宿《うけやど》（職業斡旋所《あっせんじょ》）に報告し、その請宿が損害等の賠償についてねじ込んで来る。

けつをした人はどれだと下女が宿（安六智5）

その下女は、不当にも肛交を強要されたと、請宿に提訴したのである。雇い主の家へ交渉をしに来た男の台詞《せりふ》が「けつをした人はどれだ」である。下女は、その疼痛《とうつう》に耐えかねて提訴したのであろう。

鎌倉の松が岡にある東慶寺は、女の駆け込み寺として名高い。亭主の横暴な仕打ちに愛想を尽かして、もう離婚しかないと決断した女たちは、なりふり構わずに、江戸から十三里の道を逃げ落ちて来る。ここで三年間、有髪の尼として仕えると、種々の取り調べや手続きの末に、離婚が成立したと言われる。この薄幸な女たちが、つれづれに集まって身の上を語り合う時に、亭主の肛交が話題になることがある。

けつをするからとはとんだ松が岡（末四14）

うちの亭主は、暴力をよくふるった上に、「尻取り《けつど》」までも毎日行うという、女の述懐である。

同様に、

松が岡そしてけつまでしたと言ひ（天八10 5）

という句もある。これらの句を見ると、一般的に女たちには肛交されることを、不埒《ふらち》な事という認識があったことになる。

遊廓で馴染《なじ》んだ遊女に、これをやって見ようと企図する男たちもいる。商売女ならば、応じてくれるかも知れないという、一抹の希望を抱いた結果であろう。

おや馬鹿らしい芳町へ行きなんし（一〇五12）

これもたちどころに拒絶される。「そちらがお好きなら、芳町へ行きなんし」と一蹴される。

あれ馬鹿らしい陰間じゃおっせんよ（一六三19）

「そこは違いんす。馬鹿らしい。陰間じゃおっせんよ」という訳で、やはり女郎も諾意を示してくれない。男の要求に応じて、女が受容したという句はほとんどなく、わずかに次の句がある。

顔見世の約束女房けつをされ（末四7）

当時の女たちの切なる願望は、芝居を見物することであった。歌舞伎役者の番付は霜月に販売されて、その刷り物は女たちが争って買い求め、芝居の場面を空想して、女たちはうっとりとする。「今度、芝居に連れて行ってやるからさ。いいだろ。一度だけだよ」などと女房は口説かれ、

女房との肛交
『絵本柳樽番外／小判川柳春画』（江戸末期―1858頃）

芝居見物との交換条件でしぶしぶ応じたのである。当時の文献で、女との肛交を詳述したものは皆無である。管見《かんけん》した限りでは、まず『絵本柳樽番外／小判川柳春画』（江戸末期—一八五八頃）の一葉がある。後取りで亭主が肛交している図があり、その詞書きに、

　表門より裏門がしまりよし

　うらぎき〇うらもんは尻のあなをいふ。表もんはぼぼの事、けつのほうがかたいと云。「それみなせへ、まんざらでもあるめへ、しまりがよくって、へのこをしごくやうだ。アアイイイイ」「もっといたいかとおもったが、そんなでもない。おかしなきもちのものだねへ」

と記されている。川柳とともに、肛交中の夫婦の会話である。亭主は「締まりが良くって扱《しご》くようだ」と、その快感に酔い痴《し》れている。女房の方は、痛みを感じるよりは、その奇妙な感触

前門と後門と
喜多川歌麿『道行恋濃婦登佐男』（享和期—1801頃）

を噛みしめている。女の中には、肛門周囲の性感帯がひじょうに優れ、肛交をそんなに毛嫌いしない者もいると聞いたことがある。

次に、歌麿の『道行恋濃婦登佐男《みちゆきこいのふとさお》』（享和期――一八〇一頃）が壮絶である。江戸初期の白井権八と遊女小紫の悲恋は、歌舞伎に翻案されて著名になったが、それを題材にした艶画である。若衆髷《まげ》の権八が仰臥位で、その上に跨位で交合している小紫の図柄であり、剥き出しの小紫の肛門にその上から幡随院長兵衛が男根を挿入している。小紫は女陰に権八の男根を受け、肛門に長兵衛の男根を受けているのである。その詞書きには、

小紫「長兵衛さんはな、一方ならぬ義理のある仲。辛い目をするも夫への心中。いずれどうとも、いかようのないこの場しのぎ、前の方がよくなると、後ろで事をこわしてしまいんす。馬鹿らしい」

長兵衛「アア、いい、いい、親身も及ばぬお徳分、かたじけない、いい、どうもたまらぬ、たまらぬ」

とある。女は前と後の同時の感触を楽しむというより戸惑っている感じである。膣《ちつ》内での快美感に耽溺《たんでき》しようとすると、肛門の抜き差しの苦痛がそれを消去してしまい、交合の味わいが損なわれるということらしい。しかし、肛交している男は、肛門の締まりのよい緊密感からの快感に満足しているようである。そして、構造上、膣と肛門の竅《あな》は隣り合っているので、この両竅《りようきよう》に男根が挿入された場合、薄い皮膜一枚が境目になるために、抽送するたびに二つの男根がごつごつとぶつかり合い、一方の動きが他方に伝わり、双方ともに特異な擦り合いの感触を覚えるそうであ

る。

次に、鮮烈な肛交図は『旅枕五十三次』（安政期―一八五六頃）にある。「四日市」の項で、実に見事に描かれ、ともに楽しみを満喫しているようでさえある。夫婦連れらしい男女で、男は路傍に座して女を後ろ向きに抱え上げている。女上背位である。その詞書きには、

男「マア、ぢっとしていなせへ」

女「アレ、そこではちがふわいな。ほんのところへ入ておくれ。ゆかせておくれいな」

とある。女は網笠を被ったままであり、旅の途中に男が急に催して来て、河の入江の辺りで実行に及び、女の案に相違して、肛門へ挿入したものらしい。男根が根元まで女の肛門へ嵌入《かんにゅう》されている。女の表情からは、深刻な拒否ではなく、何となく穏やかな受容の雰囲気が読み取れるようである。

女が肛交を受ける場合の、女の立場から述べた希有《けう》な記録がある。欣々女史の『女閨訓《じょけいくん》』（明治三十九―一九〇六刊）の「碍《さわり》ありて受けられぬ時の心得」で、夫の要求に応じる一節である。これは拙著の他の本にも紹介したが、あまりに迫真を衝いているので、ここでさわりを引用する。

衆道《しゅどう》。俗におかま、若しくは鶏姦とも云ふなり。我が肛門に男根を受け入れる法なり。此の時は、我が身を馬懸りの時の如くにするか、或は又我が身を平らに俯伏し、股を拡げて之を受くるなり。何《いず》れにしても、男根、肛門に入る時は、慣れぬうちは随分痛きものなれば、先づ初めに人差指に充分唾をつけて肛門へ差入れ、之を濡して弛め置く事肝要なり。

此の用意は夫に委せて行はしむるもよし。而して、男根を受くる初心にては、なかなか入

女への肛交
恋川笑山『旅枕五十三次』(安政期—1856頃)

り難きものなり。乃《すなわ》ち其の時は、夫をして肛門の口に充分唾を流さしめ、先づ男根の雁首を当がはせ、我が身は口を大きく開きて深く息を吐き、尻は恰《あたか》も大便をいきむが如くにし、夫はその度毎に力を籠めて、少しづつ突き入れ乍《なが》ら、両手にて両の臀を左右に引き分ける様にするなり。勿論、一気に深くは入るべきものに非ず。

此の時に痛しなど思ひ、尻を窄《すぼ》むる時は却つて入り難く、却つて痛きものなるが故に、大便を垂れ流してもよしと思ひ、思ひ切つていきみ続ける時は、夫の押し込むに従つて、少しづつ入り込むものなり。而《しか》も肛門は狭くして、陰門と異なり、強く固く男根を喰縛るものなるが故に、雁首の先だけ入り込む間に、早くも精汁洩《も》るるものなり。故に痛しと雖《いえ》ども、僅《わずか》の間の事なれば、之も家内和合の為と思ひ諦め、我慢して之を受くるべし。尤《もつと》も此の道も亦《また》、次第に慣るるに従ひ、呼吸を呑み込めば痛くなくなり、のみならず我が身も却つて快く覚ゆる様になり、之を欲するに至るものなり。

この体験談によれば、潤滑剤を充分に与え、排便時のようにいきみ続け、臀肉を両側へ開くように力を加えれば、何とか挿入できるということである。そして、面白いことに、慣れれば痛みもなくなり、肛門性感の強い女は、この肛交を欲するようになるという件《くだり》である。稀《まれ》には、そんな女も存在することが示唆されている。

艶笑小咄《こばなし》『さしまくら』（安永二—一七七三）に、「新婦」と題して、

婚礼の夜、新枕互にうゐうゐしく、先づ本手に取掛るに、新《あら》でないやら、其汁も沢山。持あげやうの巧者。足を搦《から》み、手でしめつけ、啜泣《すすりなき》をして喜悦《よがり》ける。其翌晩より、前をせずに、

揚股《あげまた》にして尻を取り、又は盒子《がうし》伏《ぶせ》にして、尻ばかりするゆへ、嫁は合点《がてん》ゆかず。何が気に入らいで、迷惑な尻ばかりしらるる事ぞ。ある時、此訳を媒人《なこうど》に噺《はな》せば、其通りを媒人が聟《むこ》に問ふて、「気に入らずは戻《もど》しやれ」といふ。聟がいふ。「随分気に入て居るが、婚礼の晩に、まづ仕て見た所が、餘《あま》り上手に持あげ、残るところなき上開ゆへ、惜しさに、正月開《ぼぼ》にする」

とあり、前門があまりに素晴らしい絶味なので、これは正月用にとって置くことにして、その代わりに肛交をしている状況を述べている。創意も入っているであろうが、男の欲望の一端を示している。

また、幕末の『大笑い　開の悦び　おどけ新はなし』の「若女夫《わかみようと》」では、

男の楽しみの極致
『枕辺深閨梅』（天保十—1839）
後門へ挿入しながら、前門へは張形を入れて、盛んに責めている壮絶な図柄である。

さしむかひの女夫《みょうと》のきさんじ、今夜は尻からせふ、とうつむけになると、そろそろ尻から入かけると、いんすいぬらぬらと出るひゃうしに、尻の穴へくもなく押し込み開《ぼぼ》と尻とをたがひちがひに、入れたり出したりたのしむと、女房「コ、どちらなりと、かた一方にしいな」亭主「ナゼ、いたいか」女房「いたふはないが、開がよごれる」

とある。両穴に入れて亭主が楽しんでいたが、交互に入れたのでは女陰が汚れるという女房の言葉である。これも、当時の男たちの潜在的な肛交に関する意識を表出していると思われる。

二、外国の場合

西洋物の艶本やポルノ写真を見ると、必ずと言ってよいほど女との肛交が描かれている。我が国の江戸時代の男たちばかりではなく、世界中の男たちの意識の中には、アナルコイツスへの願望が潜在しているのであろう。そこで、江戸の性愛文化を述べている手前、まことに恐縮ではあるが、フランスの艶物を紹介したい。

筆者の手元にあるのは、日付も発行所も記載されていない活字本である。同好の士へ頒布《はんぷ》するための秘密出版物である。その一編に『THE VOLUPTUOUS NIGHT』と題した英訳書がある。西暦一八一一年頃（日本では江戸の文化年間）のパリの袖珍本《しゅうちんぼん》で、仏語を英訳したものである。「私」は金銭的にも余裕のあるインテリであり、「夫人」は若くして未亡人になった伯爵夫人、若い美女の侍女が「N」「R」「L」の三人である。必要箇所のみを抜粋する。

夫人は「前と後と、何方《どちら》がお好きですか」と云わぬばかりに私の顔を見た。私は両手でNの臀部の両頬を握り「先ず後門から」と云う意志を示した。夫人はそこでNを座らせ、頭を下げさせ、臀部を高く持ち上げさせた。Nはほとんど逆さになった。私は夫人が命ずるままに顔を寄せて、後門を検査した。「此の子はまだ後の方は処女ですわ。前の方だって勿論男を知らないのよ」こう云って夫人は私の肩を軽く叩いた。私は此の時、強烈な肉感の予想にぞっとするのであった。見れば突撃陣地たる敵の要塞は非常に小さい。「こんな小さな孔へ」と思うと、殆ど不可能とも思われて来るが、武器は既に今にもはち切れそうになっているので、私は堪《たま》らずその孔と武器の頭尖を唾液で濡らして、一気に中腰になって押入れようとした。

併《しか》し中々入らぬ。（侍女のRとLが手助けに来る）Rはいきなり近寄って、Nの背中をしっかり両手で押さえた。同時にLは、その臀部に手をかけ両方の臀頬を力を籠めて左右に割った。二人の助勢を受けて、私の武器はようやくするするともぐった。「ああ」とNは覚えず声を立てた。Lは指先で、後門の周壁を広げるようにした。

私はNの抵抗するのをかまわず、武器を更に深く深く突き入れたが、それは次第次第に遂に根元まで没入した。Nはもはや初めの中《うち》のように痛がらず、じっとして居る。夫人はNの前に廻って、その前門を接吻し始めた。Lはまだ路を広げて居るので、私のピストン運動は比較的容易であった。此時Nはようやく快感を覚えたらしく嬉しそうに身もだえたが、夫人の舌の働きは益々巧妙に、私の腰の動きも益々妙地に入って、Nは益々もがくばかり。

Lは此の時後門の指を離したので、その周壁は俄《にわか》に私の武器の根元を締めつけたが、私はそんな事にはひるまず、盛に運動を加えると、Nはかすかに嘆声をもらし乍《なが》ら、陰舌を舌で摩擦していた夫人の顔一面に熱い液体を浴びせるのであった。私も武器の尖端が擽《くすぐ》ったくなって体の凡ての感覚が鈍ったと思うと、一斉に射撃した。

これが最初の肛交で、若い女たちと普通の交合を重ねながらも、四人の美女全員の肛門の旨みを味わう。数日後、夫人との肛交の記述は次のようである。

私は夫人の後門を舌で濡らし、指を入れて柔らかに其の中を掻《か》き回した。そして立ったまま膝を少しく屈して、ずずっと見事に鉾先を入れた。そして次第次第に両手で夫人の腰の周囲を押え乍ら、揉み入れた。「出来るだけ突っ込んで頂戴。お腹の方まで届くように」。夫人はこう云ったが、やはり軀《からだ》をもがいている。

私は思い切って更に突っ込んだ。夫人の股の辺りの筋肉は、一運動毎にはち切れそうにぶりぶりと動いた。私は経験のあるRやNの後門に比べ、慥《たしか》に独特の味があると思った。可憐な姿より肉が豊富だと思った。前の姿見にはあらゆる嬌体が映って居る。「もっと、もっと」と夫人は狂人の様に叫んだが、何時《いつ》しか二人共、我慢の緒を解いて、液体を流し乍ら床の上に崩れた。

筆者は二十年も前にこれを読んで、感心したものである。よくぞ女たちは、肛交にすぐに応じるものだなということ、女陰と同じように肛交の味わいにも個人差があること、等である。フランスの艶文学の古典ではあるが、やはりこのような場面を多く描いているのは、男たちの嗜好《しこう》が古今東西にわたって不変であるということになる。

第三章　「張形」の御利益

一、女の新たなる自己顕示

江戸時代、女の自慰に供された疑似男根は「張形《はりかた》」と称された。現代では、これにモーターを内蔵させて、俗に「電動こけし」などと言われるが、これまでは男が購入し、交合に際して男が女に使わせて、性技の補助としていたものである。

ところが、女自身がこれを購入し、女同士の会話では、「あなた、持っている?」ではなく、「あなたは、どんなのを使っているの?」というのが、現今の事情であると女性週刊誌の吊り広告で読んだことがある。

時代の流れは、己の欲求に有職故実《ゆうそくこじつ》的な虚飾は不要という姿勢であり、女の新たなる自己主張のようである。

交合は秘められたもので、慎ましやかな女は、ただ受動的にそれを享受すればよい、という長年の習俗もしくは教訓が、ここに至って女たちの反撃を受けた格好である。たしかに、統計などを見ると、交合に際して常に性の絶頂を体感している女性は、三〇%にも満たないという数字もあり、ときたま絶頂を体感する女性を含めても五〇%未満であるとされている。

これまで、交合では男に満足感を与えることが女の務めであるとされ、女自身の快感は二の次とされていた。江戸末期に生まれ、明治の社交界の花形と言われた欣々女史の著作『女閨訓』

（明治三十九―一九〇六）には、
　女子に於いては、如何《いか》にすれば最も夫を歓び楽しましむるを得んか、念々此の事をのみ思い廻らすべきなり。

とある。つまり、交合に目覚めた先進的な女史でさえ、妻は閨房《けいぼう》に於いていかに夫に奉仕すべきかを説いている。ちなみに、この女史は自身のオルガスムスの体験を「苦しく泣き出したき程に、総身痺《しび》れて快くなる」と表現している。この目眩《めくるめ》く玄妙な性の快美感から、全く女たちは置き去りにされていた事実が存在する。

　そして現在、女たちは交合における男たちの自己満足、交合忌避感から脱して、自己主張をし始めたのかも知れない。天賦の性の快感を感得すべく、女たちの秘かな闘いが始まったと考えることも出来る。

　だからと言って、筆者は「男どもよ、奮起せよ！」などとは言いたくない。何故なら、男と女の交合における快感の波長が全く異なることを熟知しているからである。しかし、女の快感の積極的なる獲得はそれなりに評価されるが、男が居なくて物だけがあったというのは、性愛の不毛と言われても仕方なかろう。

　そこで、我が国の性愛文化の一端として、「張形」の実体と女の性感の有り様を述べ、現代人への示唆としたい。

二、文献に現れた「張形」

文献的に古いところでは、平安時代前期の『古語拾遺』（大同二―八〇七）に「男茎形《をはせがた》」とある。その実用を描いているのは、男色を明確に記した『稚児草子絵詞』（元亨元―一三二一）であり、そこに「はりかた」の語が見え、稚児に挿入している絵を見ると木製のようである。鎌倉時代前期には実用に供されている。女の自慰用としては、艶本の祖とされる『袋法師』（別名『袋草子』『太秦物語《うずまさ》』）に描かれている。原本は徳川家に伝来したと言われ、現在ではその写本が幾種類かある。絵は巨勢《こせ》飛騨守《ひだのかみ》惟久《これひさ》とも言う。従って、兼好法師の『徒然草』と同時期の鎌倉時代末期の成立になる。太秦近辺に住む男旱《ひでり》の高貴な尼が、好色な法師を袋に入れて招じ入れ、夜毎に交合を重ね、疲労困憊《こんぱい》した法師が人知れず放り出されるという好色滑稽譚である。法師と夜毎に婚態に耽《ふけ》って、御台《みだい》の尼が絶頂の声を上げる。それをお側で耳にする御殿女中たちは、我慢し切れずに「御用のもの」を使う。

もてる調度の中に御用のものとて、やんごとなき姿やうのもの候へば、先づ今宵はこれにてまじないあけ、そのおさたとて、くだんのものを取りいだし侍りつつ、三人おもひのままにぞ、はじめけるとかや。

さて、ここに記されている「御用のもの」（「御養のもの」とも）とは、「張形」の別称である。

「三人おもひのままにぞ、はじめけるとかや（三人の女中たちは、性欲の赴くままに張形を使って自慰を始めたとかいう）」とあり、今を去る六百年以前に実用に供された状況が述べられている。

さて、「張形」の形状は男根形であることはすぐに了解されるが、何で作ったか。

鼈甲《べつこう》やおりふしひょんな細工もし（宝暦十）

普通、鼈甲細工師は櫛や簪《かんざし》などの飾物を作るが、たまには張形の製作も頼まれることを述べた川柳である。鼈甲は、玳瑁《たいまい》という海亀の甲を煮たもので、筒形に固めて薄く磨きを掛け、外側に刻みを入れて男根形に仕上げる。薄さ数ミリの均一で、押せば凹《へこ》むほどの弾力性がある。これが張形の高級品で、二分（一両の半分。銭で二千文）から一両位の価格である。下女の年俸が二両位であったから、かなりの高価である。これよりも遥かに安価である、水牛の角で作ったものが、一般的であった。『閨中紀聞　枕文庫』初編（文政五―一八二二）に、「閨中女悦之具」として、

角《つの》、革《かわ》をもて製《せい》し、金銀《きんぎん》にてつくるもの……。

とあり、また張形の図示の上に、

黒《くろ》べつかふ、又ハ角《つの》にてつくる。紐《ひも》をつけこしに付《つけ》ておこなふもあり。足《あし》のかかとへゆひつけ、ひとり是《これ》をさし入て、楽《たのしむ》もあり。

とある。この記述から、張形の材料は黒鼈甲・水牛の角・革などであったことがわかる。そして、張形の基部（根元）には、向かい合って穴を二つ開けてあり、そこに紐を通すような拵《こしら》えであっ

た。句にも、

水牛に付くがまことに忍《しのび》の緒《を》（明和三）

と詠まれている。「忍の緒」は兜の鉢の内側に付け、顎の下側に結ぶ紐である。人目に触れぬ張形に付ける紐は、忍の緒と呼ぶに相応《ふさわ》しいという訳である。これは、後述する使用法に必要な紐なのである。

張形の材には、この他に黄楊《つげ》などの木製のものもあったようである。艶本の『女令川趣文《おんなしめがわおしへふみ》』（明和期―一七七〇頃）には、五種類の張形が図示され、「ふとみ長短ちがい有」として、「ふまらづくり・かり高つくり・むしゃづくり・しゃちほこづくり・りうせいがた」と説明されている。句にも、

張形の種別

弓削形《ゆげがた》も頼朝《よりとも》がたも値が高し（柳九九）

間男形《まおとこがた》が新製《しんせい》と小間物屋（柳一六七）

上《う》ワ反《ぞ》りは値がはりますと小間物屋（安永四）

などとあり、様々な型があった。弓削形は大型のもの、頼朝形は楕円筒、間男形は不明、上反り

は少し屈曲したものであろう。男性器で太くて上反りの物は、当時「上品《じようぼん》」（交合に最適）とされていたので、それに似せた張形は「値段が高いですよ」と、売り込んでいる小間物屋の台詞《せりふ》である。また、女たちの購入元は、両国の米沢町にあった著名な閨房秘具・秘薬の専門店「四つ目屋」などであるが、これらの句にもあるように、いちばん手軽なのは訪問販売の小間物屋であった。小間物屋は、櫛・簪・笄《こうがい》・元結・紅白粉・髪油など、女の装身具や化粧品などを扱っており、得意先に定期的に出入りした行商である。家の玄関先や座敷にも入り込むので、女たちは臆することなく購入することが出来たのである。

三、どんな女たちが使用したか

さて、張形を愛用したとされる女たちは、どんな人々であったか。

張形で補って置く堅い後家（柳四二）

先ずは、孤閨をかこつ寡婦たちである。小咄の『春袋』（安永六―一七七七）に、

或る人、質屋へ張形を持行《もちゆ》き、一分借りたいと番頭をさまざま口説けども、更《さら》に聞入《ききい》れず。双方もの云ひ声高《こわだか》なるによって、後家奥より立出《たちいで》、「あなたも、よくよくの事なればこそ、あれ程におっしゃるに、一分貸してあげられよ」と云へば、番頭不承不承に一分貸したり。先の人帰りし後にて、番頭張形を見て涙を流し、「へェ、旦那が生きて御座れば、五百がもの外《ほか》ない」。

とある。質屋の後家が同情して一分も融通してあげたのは、この後家も張形の愛用者であったことを言外に述べた趣向である。

御《お》国年《くにどし》お局《つぼね》そっと貸し申し（柳一六七）

次いで、大名の奥方たちである。殿様は参勤交代のために、一年置きに国元へ帰る。江戸屋敷

に居住する妻女は、後家同然の身となる。そこで、その空閨を慮《おもんぱか》って奥女中の重役が、他人に知れぬように秘かに奥方に張形をお貸しするのである。「御国年」とは、殿が本国の領地に帰っている年の意である。

張形は非情尼寺でも用い（天明六）

俗世間の垢《あか》からは超越した筈の尼の生活。しかし、そこは生身の女人であるから、淫心に苛《さいな》まれることもある。愛憎には無縁つまり非情の張形ならば、尼でも使う時もあるという実態を言う。

張形の紛失下女は疑われ（柳七二）

これは大名家の大奥に仕える御殿女中の下働きをする下女の話である。張形を常用する御殿女中が秘蔵していたものが無くなったので、さてはあの下女かと、疑いが掛かる。武家に限らず、多くの商家でも地方出身の下女を召し使っていたので、その中には性欲処理のために秘かに自慰に耽る者たちもいた。男との交渉が途絶している下女たちも、また常習者であったことになる。

好色小咄の『豆談語』（安永三―一七七四）に、「はり形」と題して、

下女はり形《かた》を遣《つかっ》て居る所へ、主人あわただしく呼《よび》けれバ、かかとに結《ゆ》ひ付《つけ》たを気《き》もつかず、「あい」といふて行《ゆく》。主人「わが足につけた物ハ、何《なん》じゃ」といふ。下女「ヲヤ、そさふな。どこでへのこをふんで参りました」

とある。張形を踵《かかと》へ結び付けて自慰をする実態がわかる。

さらに、張形の需要が最も多いのは長局《ながつぼね》である。長局は、城内の大奥や大名家の奥に仕えている奥女中たちの宿舎の称であるが、江戸の性愛文化の、及びバレ句（エロチカルな短詩型）の世界では、長局そのものが奥女中を指す呼称となっている。

値次第で四五本いると長局（明和七）

大奥には一生奉公の若い女たちが集団で寝起きをし、しかも男子禁制であった。淫心旺盛な若い女たちは、性の捌《は》け口を閉ざされていたから、当然、張形を使って自慰をせざるを得ない、ということになっている。

当時の男たちの意識の中にも、長局では張形が常用されていると認識され、

なに張形だと車をとかまへる（安永七）

という句もある。荷車を引く車力《しやりき》などは無教養な肉体労働者であり、通行中の女たちに悪口を浴びせて揶《から》うことが普通であった。御殿女中の行列を見て、「ああ、張形使いがすまして通るぜ！」などと辛辣《しんらつ》な嘲笑を声高く言う。それを聞き咎《とが》めた老女が、「なに、張形だと！」と車力の袖を捉えた場面である。「そんな無礼を口にすると、容赦はせぬぞえ」と迫られると、車力は遁走《とんそう》するのが常である。気位の高い女中たちにとっては、下賤の者の罵《のの》りに我慢がならぬという様相である。

『柳樽末摘花余興紅の花』（嘉永四―一八五一）という好色絵本に、小間物屋が御殿女中に張形

を売っている絵（170ページ参照）がある。

かたい奥さてはりかたがよくうれる

人間のたけりまである小間物や

きうくつな買ものをする長局

という三句の川柳が掲載され、その詞書《ことばが》きに、

「あなたのやうな御じんじやうなおかたハ、七寸のほうがよろしうござりませう。へイへイ、なるほど、どうもできあひハ、おかりがひくうござりますテ、こちらハあつらへむきでござりますから、よほどひらいておりまする」

「そうなら、りやうほうともおいて、こよひきめておくから、明日またきてもらひたい」

とあり、売買の対話が鮮烈に書かれている。小間物屋は、特別注文品の七寸（長さ約二十一センチ）で雁元《かりもと》が張っている物を推奨している。それに対して奥女中は、雁元が細い物と両方試してから、購入を決めると言う。張形の購入先の大得意が、長局であるという認識のもとに描かれた漫画である。

また、男性経験が皆無の生娘でも、性欲横溢《おういつ》の者は秘かに張形を使った。

待ちかねて骨《こつ》先生を買う娘（一句笠・享保十）

この「骨先生」は、牛の角で出来た張形の意である。男との交渉、つまり婚姻を「待ちかねて」張形を愛用する。

『好色四季咄』（元禄三—一六九〇）巻之二に、乳母が秘かに使っている張形を持ち出して、それを常用し、嫁入りに支障をきたすのではないかと心配する娘の言葉が記されている。ここでは張形を「御用のもの」と称している。

お乳母のもてあそびもの、みづから十三の歳、針箱よりぬすみ出し、そちに知らせぬやうに使ひ初《そ》めしが、その年ハさのみ重宝のものとも思わざりしに、十四十五の年より何ともいわれぬ味が出で、乳母の鼻息の荒くなるを不審に思ふたその不審も晴れ、今ハもそっと大きなるがよかるべしと、物好《ものごの》みがしらるるなり。此ぶんにて嫁入りせば、思ひの外《ほか》のかづきとて、去られんハ必定のふ。

この娘は、十三歳の時から使い始め、最初は快さに無感であったが、十四五歳に至るとその快味を体感し、今ではもう少し大きいものを欲すると言い、このままでは嫁入りも難しかろうと嘆いている。物好きな娘の一挿話ではあるが、男の創作として片付けられないほど、迫真性に富んでいる。

四、新鉢《あらばち》を割《わ》る

当時は、処女を「新鉢」と言い、初交することを「新鉢を割る」と称している。御殿女中たちは、性の発散をしないと女体の健康によくないと知っていたので、処女の女は先輩から張形の使い方を指導されたと言う。

張形《はりかた》で水揚《みずあげ》をする惜《お》しい事《こと》（安五松4）

あらゆる男たちは、処女との初交を常に願望としていたので、御殿女中たちが我が手で「新鉢を割る」ことを、「こんなに飢えている男どもが居るのに、なんと勿体《もったい》ない」という感慨を持っていた。その心情を如実に現した句である。「水揚げ」とは、女が初交することである。

張形で新鉢を割る惜しい事（葉末33）

いずれも同じ状況を詠んでいる句であるが、男の涎《よだれ》が聞こえて来るようである。また、

偽物《にせもの》でしたのは傷にならぬ也《なり》（天八825）

という句もある。男の生身の陰茎ではないので、いわゆる処女の喪失（傷もの）とは異なるとい

う解釈である。処女膜は、膜状ではなく膣《ちつ》の襞《ひだ》であるから、細い張形から使い始め、慣れるに従って太い物を使うと、処女膜には亀裂が生じないということかも知れない。

五、月水《げつすい》でも

月々の生理期間は、交合も自慰も休むのが普通である。大奥に居る女たちの独楽を空想する、当時の男たちは、この月経中のことも句に詠んでいる。

あんまりな事張形が朱《あけ》に染《そ》み（安六55会）

経行の真っ最中は、自慰に耽ることは無いと思われるので、これは初めの頃か、終末時であろう。気持ちが嵩《たか》ぶって、自慰を行ったのはよいが、その結果、張形が朱色に染まったという状況である。そこまで熱中するとは、励み過ぎで、それは「あんまりな事」なのである。当時、月経は「お馬」と俗称されている。月経帯は、和紙を何枚も重ねて局部に当てがい、その両端に付けた縒紐《こよりひも》を腹に巻き付けて縛る。その形状が馬の腹帯に似ているので、「お馬」と呼ばれたのである。

御《ご》馬上《ばじよう》に牛休息《うしきゆうそく》の長局（一五〇5）

牛と馬という関連語を並べているが、牛で「張形」を表し、「馬」で月経を表している。つまり、来潮すると、牛の角で作った張形を使うことはお休みとなり、約七日間の「馬」に乗るという訳である。

長局馬を下りると牛に乗り（宝十三宮3）

これは、前の句とは逆表現である。月経期間が終了するのを「馬を下りる」と言い、また再び牛の角で作った張形を使い始めるということを「牛に乗り」と表現している。

六、瞠目すべき秘録によれば

御殿女中たちが、夜毎に張形を用いて自慰に耽ったことについては、百年にわたる古川柳の詠句の中に、無慮数百句に題材とされている。

長局《ながつぼね》 懐剣《かいけん》よりも秘して置き （明三満3）

守り刀である懐剣以上に、人に知られない所に秘蔵していたのである。女たちは、江戸城の大奥の長い一棟に居住していたので、江戸の庶民は大奥や御殿女中を「長局」と総称していた。女たちはこの張形を、優雅な隠語風に「お姿」「ご用の物」（御養の物）と称していた。御殿女中は、外界との接触は絶たれていたが、化粧品や身の回りの物は七口《ななつぐち》と呼ばれる出入口で、出入りの商人から物品の購入が出来た。

一重《いちじゆう》に目配せされて小間物屋 （宝九梅）

女の口からは「張形はあるかえ」などとは言えないが、その点は商人も心得ていて、常に持参していた。小間物が入っている箱の何段目かには、張形を入れているので、女たちに「目配せ」されれば、張形を出して見せる。

小間物屋五寸ぐらいがよく売れる（天八9 15）

長さが五寸（約15センチ）の張形。男根の標準の大きさである。

筆者は長い間、これは好色な男たちの妄想と思い続けて来たが、類稀《たぐいまれ》な秘録『秘事作法』（承応期――一六五二頃）に遭遇することによって、その思いを新たにすることとなった。この書は、江戸初期に書かれた、岡山藩の池田氏の奥御殿に仕えた殿女たちへ示した、性愛技法の指南書である。殿のお手つきとなったが、子を儲《もう》けなかった殿女は、俗世間への復帰は許されずに尼となるのが通例である。

この書の著者の秀麗尼は、その経歴が不明であるが、尼となった後、殿女時代の経験をもとに、この記録を残したものと推察される。しかも、この書は、通常の者には理解し難い淫雅語《いんがご》（閨房の用語を古語に置き換えた語）で書かれているため、難解である。これを繙《ひもと》きながら、その驚異の女だけの性技を確認してみよう。

小間物屋から購入
『柳樽末摘花余興紅の花』（嘉永4—1851）

先ず、初心者は厠《かわや》に入って、自慰の技法（礼法）を行うことを推奨し、便器の蓋《ふた》に腰巻きを畳み置いて、尻を乗せ、鬢《びんど》止めか帯止めの先端に紅絹《もみ》を巻いて「珍宝の代わり」とする。「さねたれ」は陰核、「さねひら」は陰唇の意である。いよいよ所作である。

> 片手を懐中に入れ、乳首を揉む。片手にて先ず、指頭に唾を丹念につけ、さねたれとさねひらをよく湿らせる。序《つい》で布を巻きたる珍宝代わりの頭を口に含みて、指腹にて柔らかく、さねたれとさねひらを廻し撫でる。この珍宝代わりを即ち夢情留心《むじょうりゅうしん》と言う。凡そ百程にて、宮内に騒水出る様になれば、口に含みたる夢情留心、指にて持ち、さね下うけ口よりさねたれに向けて、宮内に深くさし込む。

ここで言う「宮《きゅう》」は女性器の総称で、「騒水」は愛液、「さね下うけ口」は膣口、「夢情留心」は自作の矮小《わいしょう》な疑似男根を言う淫雅語である。

百回ほど指腹で摩擦をして、潤いを帯びるようになったら、「夢情留心」を挿入する。それを二百回ほど抜き差しして、乳揉みを止めて、両手で緩急自在に三百回ほど出し入れする。さらに三百回ほど擦《こす》り、

> 素早く根心の一こすり、強くさし込みなば、花心開きて、精水強く飛ぶが如く出る。口に含みたる布食いしばり、凡そ五息、六息にして止まる。（略）夢情留心抜き取らば、精水さね下口より流れ出るにより、下うけ口に指を添え、指先へうけたる精水の濃きか薄きかを確かめ見る。濃きは礼法にかなう。

さてもさても、初心の者が行う自慰の作法の壮絶さである。女がアクメに至るには、指腹で百回も撫で擦り、さらに「夢情留心」で延べ八百回の抜き差しを要することになる。花心（子宮口）から精水（アクメの愛液）が迸《ほとばし》ったら、それを口中へ入れて、濃い場合には自慰技法が完遂

したことであるという。

殿に伺候して長く正座している場合、柱や壁に体をもたせ掛け、「紅丸型《べにまるかた》」（小型の張形）を差し入れて、腰を浮せ気味にして、片手で抜き差しする法、お廊下待事《まちごと》やお庭待事で立っている場合、「油、又削りて磨きある」クルミの実を「つぼ口」（膣口）へ入れ、開いた両足を前後交互に動かして、尻を前につき出す法などを初心の礼法としている。これらの礼法に従って習練を重ね、熟達したら、張形を自作する。

わらび湯、又はしょうぶ湯、くず湯に紅絹布《もみぬの》をよく浸して丸め、乾かし、巻き重ねる事幾重にもして、凡そ珍宝に等しきものとする。凡そ太さ一寸強、頭一寸三分より五分。つけ根には頭髪、宮の毛を束ねて、頭より下五寸五分に丸くつけて縛る。つけ毛より下一寸を残す。これにて凡そ六寸五分となる。即ち五寸五分は宮内に入る寸法にして、つけ毛にて止まる。残る一寸は所用也。

これが、体験上の絶好の疑似男根ということになる。全長約二十センチ、直径約三センチ、頭部はやや太く直径約四センチ、挿入部分は約十七センチ、その基部には頭髪か性毛を束ねて付け、残りの三センチは手で握る部位である。

七、独楽でアクメに至るには

さて、三百五十年前の女性によって書かれた秘録『秘事作法』によれば、男との性交渉が無い女の健康維持には、適度に張形を使用して必ず「花心」から「精水」を洩《も》らすべきであると言う。真の精水が噴出する迄、何度でも行為すべしとし、さらに「騒水、これ先玉露水にして、これ得難きものなれば、口にて拭《ぬぐ》い、心肝に戻すべし」と、体内へ飲み戻すように勧めている。

それでは、熟練した御殿女中が、自慰を完遂するまでの経過を見ることにする。原文は長いので要約とする。

○宮の表面を指で撫でること五十。
○その間、乳を押し回すこと百回。
○張形を浅く突き入れること百程。
○「さねひら」より「つぼ口」へ抜き差しすること「凡そ三百程」。
○騒水溢れたら深く差し込むこと二百、大きく抜き差しする。
○強く大きく、深く浅く抜き差しすること二百程、「夢情留心に吸いつきたる如くなれば、尻を上下にする」。
○「片手の指早くして、夢情留心を遅くし、尻の上下左右を早く強くする」こと「凡そ二百程」。さねたれうらの指擦りを止めて、乳揉みをなす。
○「同時に、尻の穴を締め、尻を上下して、夢情留心を前に立て」抜き差しする。「夢情留心をさねひらにくわえたるまま、流れ出る騒水を指にて深くすくい取り、口にてぬぐい取る」。
○精水が噴出するにはまだ間があるので、夢情留心を枕台箱に固定させ股で台箱を挟み、さねたれうらへせり上げるように夢情留心で大きく擦ること「凡そ三百程」。
○十に一度は花心に当て、尻を大きく早く二百ほど擦ると、騒水が流れて音をたてる。
○なおも尻を上下左右に深く差し入れ、花心に当てたまま擦る。花心が固くなったら「これぞと一二度尻を引く如く、大きく力を込めて抜き差して、両股、尻穴を締め、夢情留心を深く花心に当てなば、直ちに尻穴開け締めして強く精水出て、気の遠くなる。これ法也」。
いかがであろうか。これが一行程である。要点を抜粋するだけで疲れるが、交合で女に絶快を与えるには、これだけの持続と技法が、男には必要ということにもなる。生身の男根ならば、そこまで精を保つことは不可能ではないだろうか。

この『秘事作法』を読むと、御殿女中たちの張形などによる自慰は、実際に行われていたと信じるに足る。多くの古川柳に作られ、多くの艶本に描かれている事実は、軽輩の御殿女中であった女たちが、暇を認可されて市井の男と婚姻をし、その寝物語に語った大奥の生活の実態のように思える。

八、張形を使用する際には

鼈甲や水牛の角で作られた張形は、内部が空洞になっている。それは弾力性を保持するためでもあるが、人肌に温めるため、湯に浸した綿や温灰《ぬくばい》を入れるためでもある。

人肌にしては踵をあがかせる（末三）

張形を人肌ほどに暖めて、紐で踵へ結び付け、踵を頻繁に動かして自慰を行っている様子である。これは「踵掛《きびすが》け」と称される張形の使用法である。

木製の高枕の引出しなどに秘蔵している張形をそのまま挿入したのでは冷たくて触感が損なわれる。張形を常用していたとされる長局では、先輩が体験による温《ぬく》め方の秘伝を伝授する。

湯加減を握ってみなと長局（明和四）

この微妙な暖かさは、熱すぎもせず温《ぬる》すぎもせず、適温にするところに極意がある。張形を熱湯に浸し、頃合いを計って取り出して直ぐに使用する。または、熱湯を空洞部分に注ぎ入れ、適温になったら湯を捨てて、そのまま使用する。

長局夜更けにぬるいわの熱いわの（安永二）

御殿女中たちが、張形に湯を使ってこれでは温いとか、これは熱すぎるとか、先輩格の女中から指南を受けている場面である。人も寝静まる夜更けに「湯加減」を論議している所が、長局たる所以《ゆえん》なのである。

熱湯に綿を浸し、湯を絞って空洞に詰め込んで人肌にするという方法もある。また、『色道禁《しきどうきん》秘抄《ぴしょう》』（天保五―一八三四）によれば、

張形ハ宮女、未亡人《ごけ》、人の輩、男を欲するも得ず、拠無《よんどころな》く用る具。其張形、昔ハ湯にて煖《あたた》め用いしが、近来、燈火《ともしび》にて煖め用るよし。

とあり、暖め方にも時代差が窺《うかが》える。

温灰《ぬくばい》がよいと局の伝授なり（安永元）

湯や灯火で暖めるのもよいが、経験豊富な老女によれば、温灰が絶好ということである。この温灰の使用法は想像の域を出ないが、張形を濡れ紙に包んで火鉢などの灰に突っ込んだものか、或いは空洞部分に温灰を詰め、根元に栓をしたものであろう。

急なときゃ冷《ひや》で用ゐる長局（明和五）

淫欲が昂《たかま》って急な時には、暖める暇を惜しんで冷のままで使うこともある。しかし、大方は暖

め用いることが通例であって、

熱燗《あつかん》でぐっとのぼせる長局（柳八八）

という具合である。いかにも、熱燗の酒を飲んで酔いが急に回ったという雰囲気を言うが、真意はそこにはなく、熱めの湯で暖めた張形を使用して、快味を感得している女の様子である。

九、使い方の実際

張形を使って快感を得るためには、様々な手法があった。俗に「片手使い」「脇《わき》使い」「足使い」「踵掛《きびすが》け」「弓仕掛け」「茶臼型《ちやうすがた》」「片身使い」「本手型《ほんてがた》」「互型《たがいがた》」などがある。『艶道日夜女宝記《びどうにちやじよほうき》』（明和期－一七七〇頃）には、張形仕様の絵が七つ示されているが、そのうちの六図が一般的な仕様である「踵掛け」である。

「片手使い」は、張形の基部を自らの片手で握って、座して開股の姿勢で操作するもので、これで遂情するには手の疲労のために、難儀である。これと同じ型である「脇使い」は、開股して座し、左手で右足の膝下を持ち上げ、右手に握った張形を外側から廻すようにして、局部に挿入する。『艶道日夜女宝記』の絵には、

玉門の上つらをつかんと行ふ時ハ、はりかたを手に持て、外より手をまハせば思ひのままにおこなハるる也。

とある。人目を忍んで張形を取り出し、湯で暖め、蒲団の上で大股を開いて挿入し、激しく抜き差しを行い、自慰に耽る女たちの姿態は、想像するだけでも凄まじい。

張形で夢中枕も片外《かたはず》し（柳一一二三）

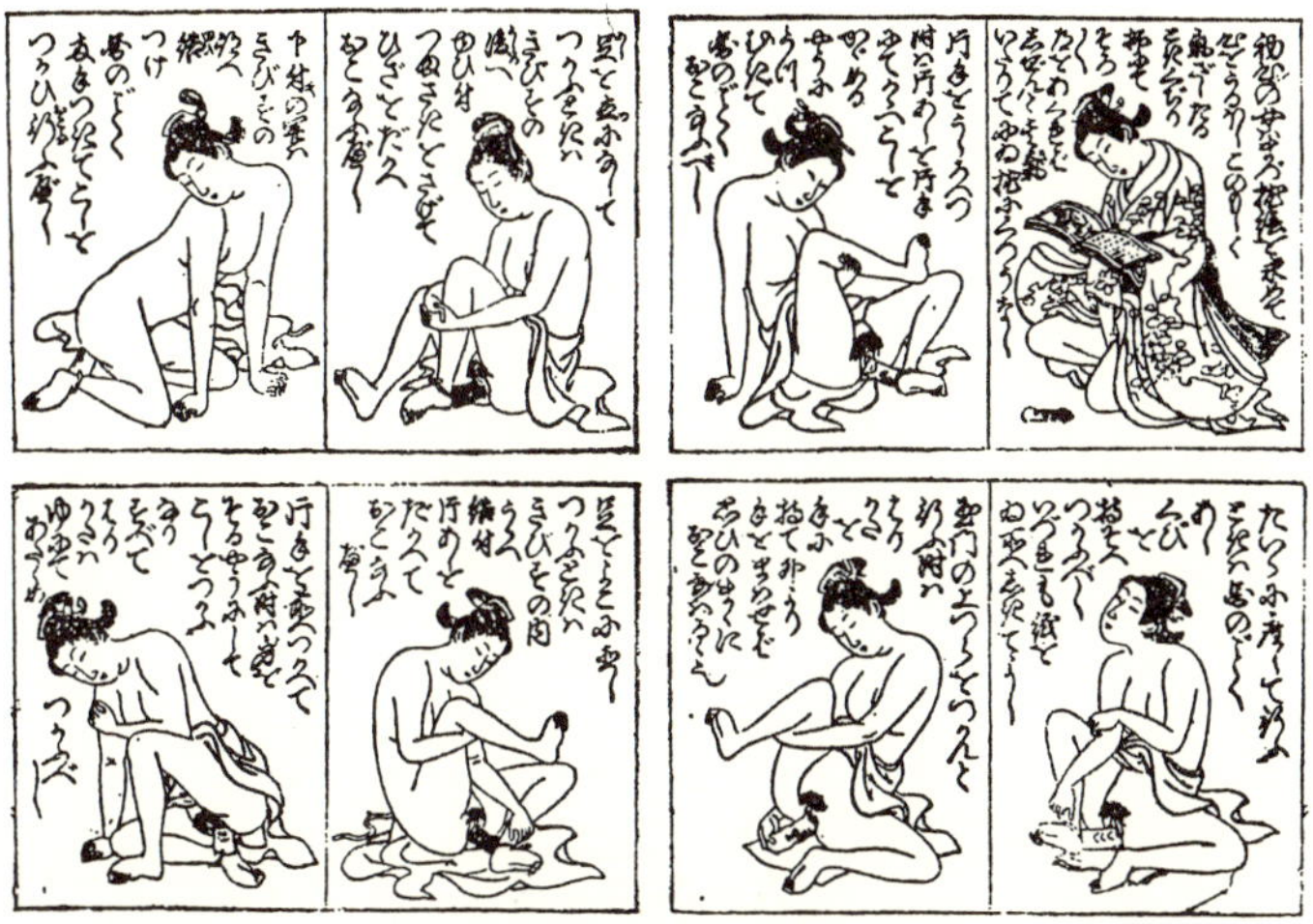

張形の使い方の図

自慰行為に無我夢中になり、枕から頭を落として、その快美感に酔っている姿態である。「片外し」は、御殿女中が主に行った結髪であり、この髷《まげ》を結った女と枕から頭を半分ほど落とすという嬌態とを、同時に述べている。

「足使い」と「踵掛け」は、ともに張形の紐を踵に結び付ける仕様である。「足使い」の絵を見ると、張形を踵へ結わえ、足の甲と首の項《うなじ》を細帯で結んで、首と足の反動を利用して動かす仕組みである。

「踵掛け」にも色々なバリエーションがある。言葉では説明し難いが、尻を地に付けて前方から挿入する法と、尻を少し浮かせて下方から上に向かって挿入する法と、二つに大別される。『艶道日夜女宝記』の絵の説明書きによれば、

○片手をうしろへつく時……
○足を立ツになしてつかふとき……
○下付キの開ハ踵の頭へ結つけ……
○たいらに座して行ふときハ……
○足をよこに出しつかふときハ……
○片手を前へつかへておこなふ時ハ身をそるやうにしてつかふなり……

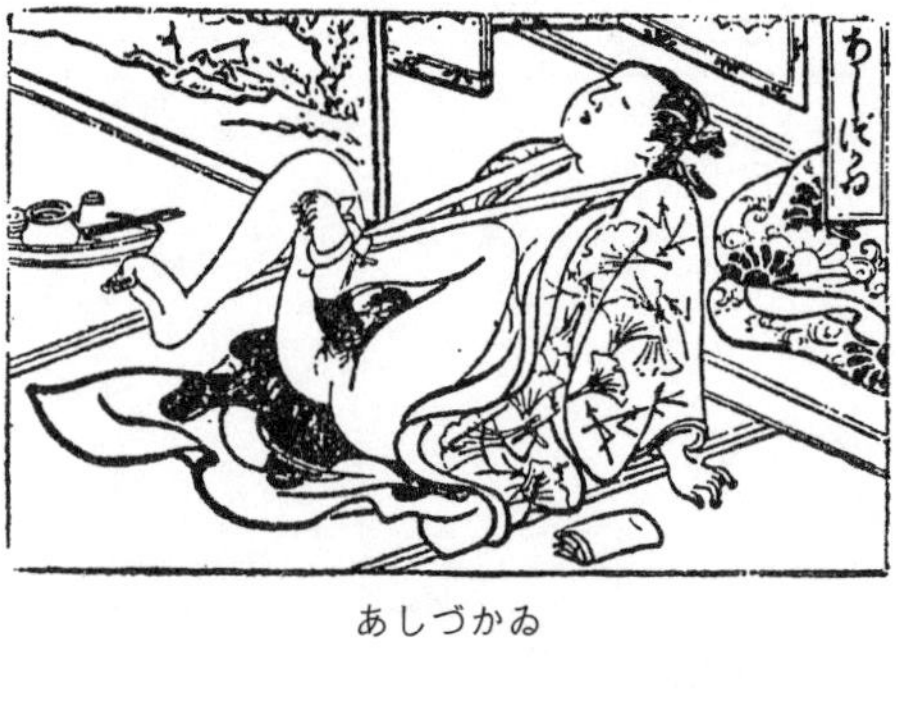

あしづかゐ

とある。

長局蹴《け》爪《づめ》のやうに縛り付け（柳一三九）

鶏の脚には後方へ一本の爪が伸びているが、踵から後ろ向きに張形を突き出すように結び付けた様態との類似を言う。「踵掛け」は、足と手の共同運動で行うが、手と足の単独でも動かせる利点がある。

「弓仕掛け」は、部屋の梁《はり》などに弓を結び付け、その弦《つる》の下側に丸めた蒲団を括《くく》り付ける。その蒲団に下向きに結わえた張形を、仰臥した股間に嵌入し、体を上下に揺すって弦のバネの反動によって抜き差しする。

「茶臼型」は、蒲団を丸めて張形を上向きに結わえ付け、女が馬乗りに跨《またが》って嵌入し、腰を上下させて行う。

「片身使い」は、同室の女同士、または熟達した上役と後輩が組んで、手で相手の女に張形を入れて抜き差しする。一人が完遂したら、交代して行う。

同室の女同士、または熟練した上役と後輩などが一組となり、二人で自慰を行うのが「本手型」である。女体の健康のために、適度に愛液を出すのがよいと言われる。そのため、体を損なわな

ゆみじかけ

い方法や性器に傷が付かない方法など、先輩の女が伝授した。

先《ま》ずお前からと張形義《はりかたぎ》を述べる（明七礼6）

という句があるように、先輩と後輩の礼儀を重んじる。一本の張形を交互に使う場合は、一人が張形を前に当て、紐で腰へ結わえ付ける。それで男女の交合のように正常位で行った後、女役であった他の一人が、男役に入れ代わるのである。

牛《うし》の角《つの》もぐと女が二人出来（安八・春角刀）

こういう場合は、早くアクメに達したいと思うのが人情で、先輩が先に女役になる。

長局先ず重役《おもやく》が下になり（柳一三六）

技法に長《た》けた上役が下になり、微妙な腰の動きを教える。次に男役となって上に乗り、張形の抜き差しの緩急を伝授する。

長局お前先にと力《りき》み合《あ》ひ（明四信4）

この義理固さは、良家出身の娘たちの礼法であると言える。譲り合いが嵩《こう》じて、順番が決まらぬ場合もある。

長局籤《くじ》に勝ったが下になり（明七礼6）

「それでは籤引きに致しましょう」ということになる。ともかく、先に女役になるのが優先順位であったらしい。

けったるいまだかまだかと長局（一六〇19）

下になった女が、完全にアクメに達するまで、完遂させる。経験の浅い女の場合には、なかなか性感の開発が難しいので、遂情するのに時間が掛かる。そこで、上になった女も疲れて来て、「まだかえ。まだかえ」と催促するに至る。愛液を十分に噴出して、女役がアクメに達してから交代となる。

羅切《らせつ》して又下《またした》になる長局（安二桜4）

「羅切」は、「魔羅《まら》を切る」ことで、仏道修行の僧が淫欲を断つために陰茎を切断することである。この言葉を借りて、上になっていた女が股間から張形を外すことをいう。そして、次にその女が下になって、また共同運動が始まることになる。

長局部屋方《へやかた》泣いたり泣かせたり（明二義5）

同室の女たちは「部屋方」と呼ばれるが、この部屋方同士の女が快楽の呻《うめ》き声を上げたり、また相手に嬌声を上げさせたり、ともに自慰に耽る様子を言う。

次は「互型」である。これは二人の女が同時に楽しむもので、これ専用の張形を用いる。この張形が「互型」、別名「比翼型《ひよくがた》」「両首《りようくび》」とも呼ばれる。これは一人用の張形を逆向けにして基部を繋ぎ、左右両端に亀頭部がある。繋目の所を太い紐で廻し結ぶか、或いは鍔《つば》を付けてあり、二人の女が同時に挿入し、互いに動き合う。正常位の体位で女同士の膣に入れるので、真っ直ぐではなく、繋目の箇所が約百三十度の角度に開いて連結されている。

両頭の牛胴中へ綱を付け（柳一六七）

一読しただけでは何のことかわからない句であるが、どうしてどうして、これこそ「互型」の形状を詠題にしたものである。牛の角で作った両頭の張形で、その真ん中の境目には綱掛けしている実景を見事に捉えている。

お夜詰《よづめ》が引《ひ》けて互《たが》いの貝合《かいあわ》せ（四二25）

「お夜詰」は御殿女中の夜間勤務で、それが終わってから、部屋方同士の貝合わせが行われるというのである。女陰を「貝」とも別称するし、当時、女性器は「開《かい》」（ボボ、ヘキとも訓じる）という字を当てたので、この「貝合せ」はまさに女陰同士の接合ということになる。

刺し通し刺し通される長局（安永元）

うら若い御殿女中たちが、夜更けに本手型か互型で双方ともに性の愉楽を享受し合っている様子を言う。『艶道日夜女宝記』には、「たがひかた」として写実的な絵がある。その詞書きに、

女たがひに、つれづれの夜のたハふれにもちゆる、一曲のだうぐなり。ゆにてあたため、いだき合、つかふ也。

とあり、次の絵は「たがひかたつかふ図」として、二つの女陰に差し込まれた図が示されている。

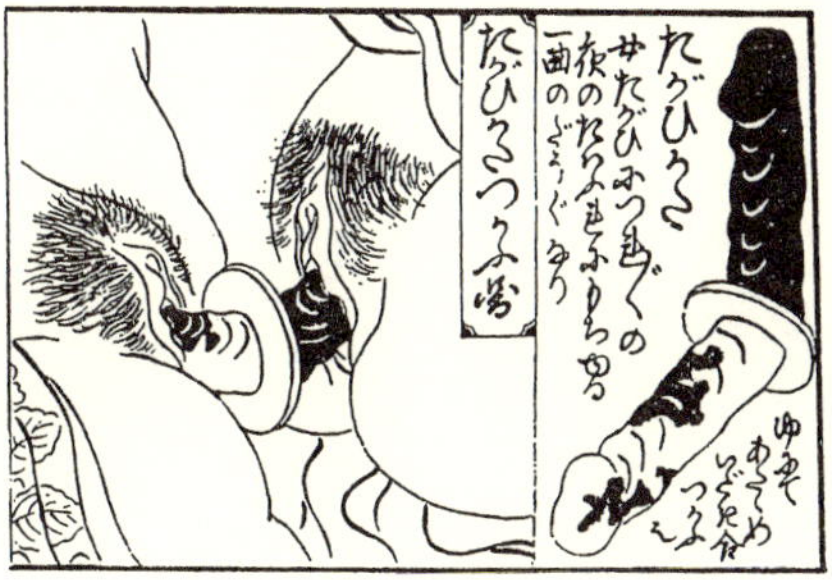

たがひかたつかふ図　たがひかた

一〇、宿下がりとお役御免

盆暮などに暇を頂いて、実家に帰ることを「宿下がり《やどさ》」（宿下り《やどお》・宿入り《やどい》）と言う。以前の野暮娘《やぼむすめ》の風情《ふぜい》は無く、御殿で磨かれた立居振舞《たちいふるま》いや扮装《ふんそう》で見違えるばかりの美麗な娘に成長している。実家に帰ると、その娘に思いを掛けていた男どもが、様々な手段を講じて言い寄る。そして、張形とはまったく違った、生《なま》の男根の味を覚えさせる場合もある。

宿入り《やどい》を生物《なまもの》知りにして帰《かえ》し（宝十礼2）

これは男との初交を終えて、その鮮烈な初体験を知り初めて、御殿に帰った娘である。上野の不忍池畔にあった出合茶屋辺りで密会をし、一時に三、四交も激戦を行い、すっかり実物の素晴らしさを堪能する。そんな娘は、張形での自慰が、いかにつまらないかを悟る事になる。

宿下《やどお》りのあげく張形《はりかた》見るも嫌《いや》（明七信4）

実際の男と性の実践を経た娘は、もう張形の味気なさを痛感するのである。

また、実家からの結婚の勧めに従って、大奥の勤めを辞す娘もいる。そんな場合は、まさか張形持参という訳にはいかず、

お暇《いとま》の女中張形持たぬなり（安四宮3）

と言うように、秘密裡に処分した。

嫁《かた》づいてまた張形を髪《かみ》へ入《い》れ（一〇一5）

嫁入りをして、これまで使って来た鼈甲細工《べっこうざいく》の張形ではなく、同じ鼈甲細工の櫛《くし》や笄《こうがい》を髪に差すことになる。

当時は、労咳《ろうがい》などの病により、早死する娘も多かったから、次のような場合も、憐《あわれ》さが滲《にじ》み出ている。

張形が出て母親をまた泣かせ（明四義10）

病気のために宿下がりになった娘。薬石効《やくせきこう》なく遂に死去したのである。その遺品《いひん》の中から「張形」が出て来たのである。幸薄《さちうす》く、男との性の歓びを未経験のままに死んだ娘のことを思い、また新たな涙にくれる母親である。

また、御殿勤めのまま、死去することもあった。

張形は埋《う》めやと局末期《つぼねまつご》なり（安四礼7）

張形を使用していたというのは、黙して語らぬ「褻《け》」（現実には公表出来ない、隠蔽《いんぺい》されるべき部分）の世界の秘事なので、御殿女中の重役であるお局さんは、その死に臨み、「張形は、人知れず埋めてくりゃれ」という遺言を残したということである。

一一、下女などは代用のものを

淫心旺盛な下女などの下働きの女たちは、鼈甲や牛角の張形は高価で、買い求めることは不可能である。そこで、

長局端女《はした》はやはり大根なり（明和六）

と詠まれる。張形の代用として、大根、人参、胡瓜、焼芋などの食品、また擂粉木《すりこぎ》などの道具を用いた。『閨中紀聞　枕文庫』二編（文政六―一八二三）に、

張形といふもの、はした銭《ぜに》にて買《かは》るるものにあらねバ、下女婢の手にハ入がたし。女子十三四才にて経水通《けいすいつう》じて、淫欲盛《いんよくさかん》なるハ天地《てんち》自《し》然《ぜん》の道理《だうり》にして、男根《なんこん》の起《おへ》るに異《こと》ならねども、慎《つつしみ》ふかけれバ人にもかたらず。軽きハ顔にでき物皰《にきび》を生じ、重きハ癆病《きのかた》の病となることあり。されバ、此法《このはふ》を用ひて可《か》なり。野菜人参の手ごろなるを、かぶを去《さり》、擂子木《すりこぎ》の如く削《けづり》、切紙《きりかみ》に包《つつ》ミ水にしめし、ぬく灰にさし込置《こみおき》、能蒸《よくむせ》たる時取出《とりいだ》して紙をむき、人肌《ひとはだ》にさまして張形の如く用《もち》ゆべし。さながら本物《ほんもの》にひとしく、鼈甲細工《べつかうさいく》にまされりといふ。

とあり、性欲発散の要を説き、人参を代用することを勧めている。

蒸し立てを握って下女の余念なさ（柳一二一）

下女作意胡瓜を持って堪能し（柳五八）

どふしたか下女摺子木を塩磨き（柳六四）

川柳作者は、下女たちの秘事をこのように描いている。江戸の性愛文化はかくも深遠であり、それを繙《ひもと》くことによって、現代との共通性を考察する縁《よすが》ともなろう。

引用の『女閨訓』『秘事作法』については、蕣露庵主人『江戸の艶道《びどう》を愉《たの》しむ』（平成七年、三樹書房）に抄録してある。

第四章　江戸のバイアグラ

一、提灯《ちようちん》で餅《もち》を搗《つ》く

江戸時代が瓦解《がかい》し、明治以後の西洋文明の急なる摂取によって、江戸の生活は古風として全て否定され、生活の知恵の数々は、現代への伝承が途絶えてしまっている。江戸時代が遠のいたのは、時間的空間的な差ではなく、文化の断絶が最大の原因であると思われる。

中には半ば迷信的なものもあるにしても、漢方薬や植物性の酵素の利用などは、現代よりは格段に進んでいた。江戸の中期には、すでに漢方版バイアグラともいうべき秘薬が実用化されていたのである。

他国にも引けをとらないほど、好色性に富んでいた江戸期の人々は、これにどう対処していたか、その諸相を眺めることによって、現代の「勃起薬」に狂奔している人々の精神的な糧にしたいと考える。

男は初老になると硬直力が衰退してくる。洒落《しやれ》好きな江戸人は、萎靡《いび》沈滞した一物を「提灯」と俗称している。小田原提灯は、常時畳み込まれているが、留めがねを外すと長くだらりと垂れ下がって、風にゆらゆらと揺れる構造になっている。その形状からの命名である。

提灯をさげて宝の山を下り（宝八天）

いかにも灯火を照らしながら、夜陰に下山する様相を述べているが、この句の真意は、そこには無い。折角、女との同衾《どうきん》の機会が訪れたのに、陰萎《いんい》のために挿入出来ないという現況を言う。このように、女に対して一物が意に任せぬことを「提灯で餅を搗く」とも言う。『女貞訓下所文庫《おんなていきんげじょぶんこ》』（明和中期―一七六九頃）に、

男は年たけては淫勢の矢さきをうしなひ、あたかも提灯にて餅をつくがごとし。

とあり、この言葉が下世話《げせわ》的に通用していたことが分かる。

男が人生の黄昏《たそがれ》を痛感するのは、この時期である。それを補強するための方策を考えることもある。先ず、食品で効能があるとされたものは、

提灯の弓には鯨《くじら》より鰻《うなぎ》（一三八）

と詠まれているように、鰻を第一とした。提灯の紙を支えるのは「弓」と称し、割竹のほかに鯨の髭が使われていたので、それを念頭に置きながら萎縮した一物を蘇らせるのは「鰻」であると述べている。また、生卵も効果があるとされて、

提灯の骨継《ほねつぎ》をする生卵《なまたまご》（一四四）

とも指摘されている。江戸中期の色道指南書『好色訓蒙図彙《こうしょくきんもうずい》』（貞享三―一六八六）には強精食品として、「牛蒡《ごぼう》」「山の芋」「鶏卵」「鰌《どじょう》」「鰻」が図示されており、古くから有効な食品として認識されていたのである。

それらを意識的に摂取しても、秋風にぶらぶらと揺れる提灯は、硬直する兆しが見えないと、男の諦念は呟きとなって定着する。

目は眼鏡《めがね》歯《は》は入歯《いれば》にて間《ま》に合《あ》へど（三八15）

全身に衰えが来ても、目は眼鏡、歯は入歯で充分に対応出来るが、あの一か所こそはどんな補強があるのか、と慨嘆するのである。

男根が萎《しな》びて実用に役立たないが、気力ばかりは旺盛である男たちのために、安楽船または助け船という具が作られた。『色道禁秘抄《しきどうきんぴしよう》』（天保五—一八三四）に次のようにある。

近来、老人陰茎痿《しび》れて用をなさず、気ばかり満《みつ》るに、安楽船《あんらくふね》と云《い》ふ具を製《せい》し商《あきな》ふよし。其《その》器《うつわ》は鼈甲《べつこう》にて樋竹《といだけ》の如きものを作り、痿茎《いきよう》を乗せて陰中へ出入り自在《じざい》ならしむ。下辺《かへん》は右の隔《へだ》てあれども、上と左右三方、陰肉《にく》に擦《す》れて快楽《けらく》ありとかや。

まさに「止めて止まらぬ色の道」という訳で、こんな素晴らしい器具があったのであるから、驚嘆せざるを得ない。図を見れば一目瞭然であるが、これに萎《な》えた一物を差し入れ、そのまま女《じよ》竅《きよう》に挿入する。器具の真下は膣襞と接しないけれども、隔壁の無い先端と上左右の三方は微かに膣襞に接触するので、抜き差しを行えば疑似交合が出来るというのである。男茎が女の「陰肉《にく》に擦《す》れて」快感が得られるとか言うことである、と伝聞的に著者が述べているのは、かえって真実味が感じられる。実際にこの補助具を使って交合した男の感想らしきものに、

助け船

悔《くや》しさは助け船でももうゆかず（一六六12）

という句がある。女色に執着する業の凄まじさである。

二、常々の補腎薬の色々

江戸期には、精液は腎臓で生成されていると思われていたので、精液は「腎水《じんすい》」と称され、荒淫の果ての衰弱症は腎臓が空っぽになるところから「腎虚《じんきょ》」と呼称されていた。従って日々の強精剤は、「補腎薬」となる。

①転ばぬ先に膃肭臍《おっとせい》

動物性の薬剤は、「膃肭臍」である。

膃肭臍は、北海に棲息する鰭脚《ききゃく》目の海獣で、一頭の牡《おす》は数百頭の牝《めす》を従えていると言われ、その連想から「腎張《じんば》り」（精力強壮にして淫欲豊富な者）の象徴となっていた。この膃肭臍の陰茎または睾丸《こうがん》の干物を粉にして服用すれば、補腎薬になると信じられた。

おっとせい転ばぬ為《ため》の薬の名（拾二）

この場合の「転ぶ」は、腎臓が枯渇することである。また、道端で躓《つまず》いて転びそうな時など、「おっと、せい」と発声することにも掛けている。

蝦夷《えぞ》地（北海道）の物産が入手しやすい松前藩や津軽藩などでは「一粒金丹《いちりゅうきんたん》」と称する家伝薬を作っていたと言われる。その薬方には諸説があるが、『くすりの民俗学』（昭和五十五年、三

浦三郎、健友館）によれば、

膃肭臍　二銭
阿芙蓉《あふよう》　二銭
龍脳《りゆうのう》　一厘
麝香《じやこう》　一厘
朱砂《しゆさ》　三分
原蚕蛾《げんさんが》　三分

とある。分量の単位は漢方流なので、中国式であり、不分明。単なる推測であるが、分の十倍が厘、その十倍が銭のようである。「阿芙蓉」は阿片、「龍脳」は南洋産の薬用植物、「麝香」はジャコウ鹿の生殖腺嚢分泌物の粉末、「朱砂」は辰砂《しんしゃ》の古名で、水銀と硫黄の化合した鉱石、「原蚕蛾」は中国蜀地方の一番蚕のことである。これらを混ぜ合わせ、焼酎で煎じた射干《えきかん》（アヤメ科の多年草）エキスで練って丸薬とする。

この「一粒金丹」は江戸中期には市販されており、虚弱症に効き、精気を増幅させるという。しかも驚くべきことには毎日の服用ではなく、半月か十日置きに一粒を呑めば十分であるとし、健康体の人は三カ月に一粒で事足りるという点である。この丸薬を毎日服用すれば、閨房薬として壮絶な力を発揮するかもしれない。

江戸の末期には、膃肭臍の男茎の干物を粉にして、これを丸薬にした「たけり丸」も売り出されている。「たけり」とは鯨などのペニスの意である。この「たけり丸」の効果については、

伜《せがれ》は補薬《ほやく》に立ったわえたけり丸（しげり柳上15）

と幕末の川柳に詠まれている。

②労咳《ろうがい》の娘も山椒魚《さんしょううお》

両生類の最大種で、我が国の特産である大山椒魚は、深山幽谷の清流に棲み、現在では国の特別天然記念物とされている。この動物は江戸市内の水清き小川にも多く棲息したことが、当時の記録に記されている。『中陵漫録《ちゅうりょうまんろく》』（文政九—一八二六）には、

生にて酢に浸し食す。味軽し。また煮て食ふ。肉ははなはだ白し。

と、その食べ方が書かれている。

俗間では、この山椒魚は虚弱症を治し、精力剤として効能があると信じられた。若者が食すると、性欲が昂進したり、鼻血が噴出するという。

山椒魚野郎頭《やろうあたま》の娘喰《むすめく》ひ（傍二5）

労咳に罹《かか》って長らく病床にいる娘である。髷《まげ》を結わずにただ髪を無造作に紐で括《くく》った頭髪をしている。薬石効無く、山椒魚を食餌《しょくじ》している様子を言う。

③俳人一茶も愛用した黄精《おうせい》

植物性の補腎薬は、黄精と称されたもので、これは野草のエミグサまたはナルコユリの苗や根を煎じて服用する。奥州の南部などが主産地で、その干物が黄精売りによって江戸の町で行商さ

れた。

切見世《きりみせ》へ黄精売りは引き込まれ（明三義5）

切見世は一《ひ》と切《きれ》（一交の時間、約十五分ほど）百文の下等な淫売宿で、低収入の男たちに利用された。地方から行商に来た黄精売りも、販売促進がてら女色を求めて切見世にやって来ると、すぐに引っ張り込まれる。精力の消耗の激しい娼婦たちは、この黄精を愛用する場合が多かったのである。そして、

売り溜《だ》めが無くば黄精でも置きな（安元仁6）

という状況になる。「一交をさせるから、売上金が無ければその黄精の現物を置いて行きなよ」と、娼婦から要望されるのである。

当時の百科事典である『和漢三才図会』（正徳二―一七一二）には、

気味甘平、中を補し気を益し風湿を除き、五臓を安んず。久しく服すれば身を軽くし、年を延べ飢えず。五労七傷を補す。

と、その薬効が記されている。

江戸後期の俳人小林一茶（一七六三〜一八二七）は、長い漂泊生活の果てに五十二歳で妻を得て、子供欲しさに壮絶な性生活を送ったが、それを綴ったのが『七番日記』である。そこには、

文化十二年五月　　黄精摘

文化十四年十二月　黄精酒ニ漬
同　　黄精喰始
同　十五年八月　墓詣　黄精掘

とあり、子種を保つために黄精を服用したことが記録されている。

色道指南書『閨中紀聞　枕文庫』初編（文政五―一八二二）には、

黄精を好酒に漬けて、腎薬を製す。

とあって、女房らしい女が酒を入れた器を手にした図がある。膝下には「上々黄精」と記された大きめな袋が置かれ、その傍らには酒壺と瓶子《へいし》が並んでいる。江戸の庶民たちは、こうやって補腎に心を砕き、日夜工夫を凝らしていたのである。

『閨中紀聞　枕文庫』

④女もほめる地黄丸《じおうがん》

井原西鶴の『好色一代男』巻八（天和二―一六八二）には、世之介が女護が島へ渡海するための携行品の中に、「地黄丸五十壺」と記されている。したがってかなり古い頃から、地黄丸は補血強壮剤として用いられ、陰萎や腎虚の妙薬とされている。酒に浸して地黄酒にし、飴《あめ》で練って地黄煎《じおうせん》にすることもある。

地黄はゴマノハグサ科の多年草で、その根を薬用にする。これを原材とした地黄丸の処方は諸

書にあるが、それには二法があり、

熟地黄《じゅくじおう》　八両

山茱萸《さんしゅゆ》　四両（ミズキ科の喬木）

乾山薬《ほしさんやく》　四両（山の芋）

白茯苓《はくぶくりょう》　三両（茸科の菌核）

牡丹皮《ぼたんぴ》　三両（牡丹の根皮）

沢瀉《たくしゃ》　三両（オモダカ科の塊茎）

の六種を調合したものを「六味《ろくみ》地黄丸」と称し、これに、

肉桂《にっけい》　一両（クスノキ科の樹皮）

附子《ふし》　一両（ヌルデの瘤）

の佐薬二つを加えたものは「八味《はちみ》地黄丸」と称している。この場合の単位「両」は、全体に占めるパーセンテージを表しているようである。これらを粉末にして混ぜ合わせ、蜂蜜を加えて練って丸薬にする。地黄丸は江戸時代を代表する補腎薬として庶民たちに常用されたほどの流行薬ではあったが、交合の事前に服用して、それがすぐに男根を硬直させるという臨戦の薬ではない。一日に二回、酒を用いて十五粒ほどを呑み、少しずつ服用粒数を増やして呑み続けると、衰弱した腎臓が蘇《よみがえ》るというものである。その効果は絶大で、

地黄丸女のほめる薬なり（武十七11）

と詠まれるように、共同行為者の女が認めるほどの成果であった。媚薬《びやく》の効果のみではなく、養生薬でもあったので、これを購入するのはそんなに恥ずかしいことではなく、市内の各所の販売店で買うことができた。

当時の資料によると、この薬を売る店は、本町岡田忠助・室町桐山三了・本町大黒屋肥後・麹町堤三蔵などがある。

さて、過淫による腎水欠乏症は俗に「腎虚《じんきょ》」または「腎虚火動《かどう》の症」と言われるが、これを隠喩して「顎で蠅を追う」とも言う。『当世吾妻婦理《とうせいあづまぶり》』（天保二—一八三一）に、

> 倩《つらつら》おもん見るに男よりは女の淫欲《いんよく》に耽《ふけ》る事は、その情最深《じょういとふか》し。（略）これ陰《いん》中の淫物《ぶつ》にして精汁《せいじゅう》の過《か》なるがゆへなり。婦人《おんな》の腎虚《じんきょ》せるは稀《まれ》にして、男の腮《あご》で蠅《はい》を逐《お》ふは速《すみや》かなれば、慎《つつ》しまずんばあるべからず。

とあり、「陰中の淫物」である女と対等に歓楽を欲すれば、男はたちまちに「腮で蠅を逐ふ」ことに至ると戒めている。「顎で蠅を追う」とは、身体が衰弱し、体にたかる蠅さえも手で追い払う気力もなく、ただ僅かに顎を振って追い払う状態を言う。

> 顎《あご》で追《お》ふ蠅《はえ》は六味《ろくみ》にたかる也（天六龍1）

憔悴《しょうすい》して布団の上に座している男。飛んで来た蠅を顎を振って追い払うと、その蠅は枕元にある「六味地黄丸」の袋にとまるという情景である。

天災や人為的な大火災など、時に事変には遭遇しても、戦乱が殆どなかった天下太平の江戸。

それもみな将軍様の御治世のお陰であると、徳川家を礼賛する気持ちが強かった。そこで、

地黄はやりて天下泰平（武十三23）

と詠む。女との交歓を楽しむために、男が補腎薬を呑みながら日毎夜毎努めるのは、まことに安寧の世であると、その流行ぶりを皮肉っている。

三、女が取り乱す「蠟丸《ろうがん》」

いよいよ、江戸の性愛文化の閨房薬の核心に入る。「蠟丸」は女の性感増進薬である。絶頂への到達度が遅い女の性感を誘発させるもので、男の征服欲を満たす。この名は延宝頃（一六七八頃）からの文献に見え、江戸の初期には通人には知られていた。

江戸の代表的な閨房秘具・秘薬の店は、両国にあった四つ目屋忠兵衛店である。四つ目屋という屋号は、近江源氏の佐々木家の家紋「四つ目結《よめゆい》」の商標に由来する。

この四つ目屋の引札には、「阿蘭陀ろう丸」と記され、異国からの渡来の品として特効があるように宣伝している。この丸薬は、内包した生薬の成分が外気に触れないように、外側を生蠟で丸めたものである。艶本の『天の浮橋《あまのうきはし》』（天保元―一八三〇）には、これを用いる場面が描かれ、

らうぐわんの中の薬、すこしゆびのさきへつけて玉門の中へさしこみ、わりこんでそろそろとくぢりかけて、（略）かのらう丸のきどくといふは、此薬少し玉門の中へ入ると、しばらくして玉門ほかほかと少しむづかゆきやうになる。しきりに淫気もよふす事、奇妙なるくすりゆゑ……。

とある。また、『教訓女才学《きようくんおんなさいがく》』（文政六―一八二三）の中の「閨中道具狂歌十四首」と題したものに、

指先につけて玉門くぢるべし薬まはればむづかゆふなる

という歌が示されている。これらによれば、この薬は外用塗布剤で、交合直前に男根に塗って挿入するか、指で直接に膣内へ塗り回すのである。

女はむず痒《がゆ》さを覚え、そこがほめくような感じになり、そのまま交合を行うと絶大な快感が得られるという代物である。さて、どんな処方なのであろうか。

色道指南書の『宝文庫』（嘉永期—一八五〇頃）に、製法が記されている。

人参（朝鮮人参）
牛膝《ごしつ》（ヒユ科の多年草。イノコズチ）
附子《ぶし》（トリカブトの塊根）
山椒《さんしよう》（ミカン科の灌木。その果実）
龍骨《りゆうこつ》（古代に棲息した巨大獣の骨）
肉桂《につけい》（クスノキ科の喬木。樹皮）
細辛《さいしん》（朝鮮・満州産の辛子）
柘榴皮《せきりゆうひ》（ザクロの樹皮）
白礬《はくばん》（硫酸塩鉱物。明礬）
丁子《ちようじ》（熱帯常緑喬木。蕾・果実）
麝香《じやこう》（ジャコウ鹿の内臓）

烏賊《いか》（頭足類の軟体動物の甲）

右十二味、目方各々等分、極細末になし白蜜にて練り、黒豆の大きさに丸ずべし。扨《さて》、上にかける蠟丸の拵《こしら》へ方は、無患子《むくろじ》へ極上々の生蠟を溶かし掛けて丸くするなり。後ち乾きたる時、静かに小刀を以て二つに引割り、其中へ彼の丸薬を詰めて、蠟を火にて炙《あぶ》り、元の如く合せて丸くすべし。斯くの如くする時は薬気外へ洩《も》れず、久しく貯へてますます薬力盛ん也。

これらの十二種の微細な粉末が混ぜ合わさって、人間の粘膜に熱くなるような刺激を与え、しかも収斂《しゅうれん》的な効果を及ぼすことになるのである。ようするに、

蠟丸はとぼすに縁の有る薬（田草一14）

という訳である。「蠟」と「灯す」の縁語を援用して、「蠟丸」という薬は「とぼす」（交合する）ために有益な薬であると断じている。

四、女が叫春する「女悦丸《によえつがん》」

四つ目屋の黒行灯の看板には、この「女悦丸」の文字が白抜きで大書してあったことは有名である。次に述べる「長命丸」とともに四つ目屋の主要商品であった。しかし、この薬は四つ目屋が創製したというのではなく、すでに江戸初期には知られていたものである。『風流曲三味線』(宝永三―一七〇六)の巻三の第四「八百両が夜ぬけ姿」の一節に、

堺の玉重どのがくれられし、日本名誉《めいよ》の女悦丸《によえつがん》、女に一粒《いちりゆう》あたゆれば、たちまち野狐《やかん》の姿をあらはし、くるひ出て無量《むりよう》のもてなし、金銀づくではならぬもの……。

とある。「日本名誉の女悦丸」と言っているのは、南蛮渡りの妙薬ではなく、本邦で製薬されたという意である。これを一粒閨房で女に用いると、女は快感に酔いしれて虚飾をかなぐり捨てて狂うようになるという。

この薬の調合については、『艶道日夜女宝記《びどうにちやじよほうき》』(明和期―一七七〇頃)に次のようにある。原文通り仮名書きとする。

女悦きめう丸

一　にんじん

二　りうこつ

三　いかのこう
四　ぶし
五　さいしん
六　さんせう
七　こじつ
八　みやうばん
九　じゃこう
十　てうじ
十一　にっけい
十二　せうりうひ

右十二いろをとうぶんこにして、水にそそいで、又はもちのりをすこしまぜ合せ、むくろじほどにぐはんじて、おこなはんと思ふまへに、玉門へ入べし。玉門かゆくふくれあたたまり、女にびくゎいの心しきりにし、男にいだき付、身もだへすることかぎりなし。

これらの十二種を無患子《むくろじ》（羽根突きの羽根の玉）ほどの大きさに丸めて、これを交合直前に膣《ちつ》に挿入する。玉門は痒く膨れ上がり、女は美快の心が湧き出て、男にしがみついて身悶えすることが甚だしいという。

しかし、ここで「おや?」と思う方もおられようか。この十二種の生薬は、前述した「蠟丸」の調合剤と殆ど同じなのである。名称は違っても、これらの刺激性媚薬は、調合剤には大差がないことになる。ということは別の角度から考えると、それだけ効能には信憑性《しんぴょうせい》が高いということである。

かくあらんとは思ひしが女悦丸（五八28）

これは女悦丸の効能は聞き知っていたが、実際に使って実践した男の感想である。「こんなに効果があるのか、これは凄い」という満足とともに、その驚嘆ぶりを述べている。

『柳樽末摘花余興紅の花』（嘉永四―一八五一）の川柳漫画に、自製した女悦丸を使って女房と試験的な交合をしている四つ目屋の亭主の図がある。そこには、

四ッ目やの女房たびたびためされる

女房が受合ってうる女悦丸

という二句が載せられ、その詞書きに、

亭主「けふのねりかたはどうだ。もうちっとさんしょをかたせやうか」

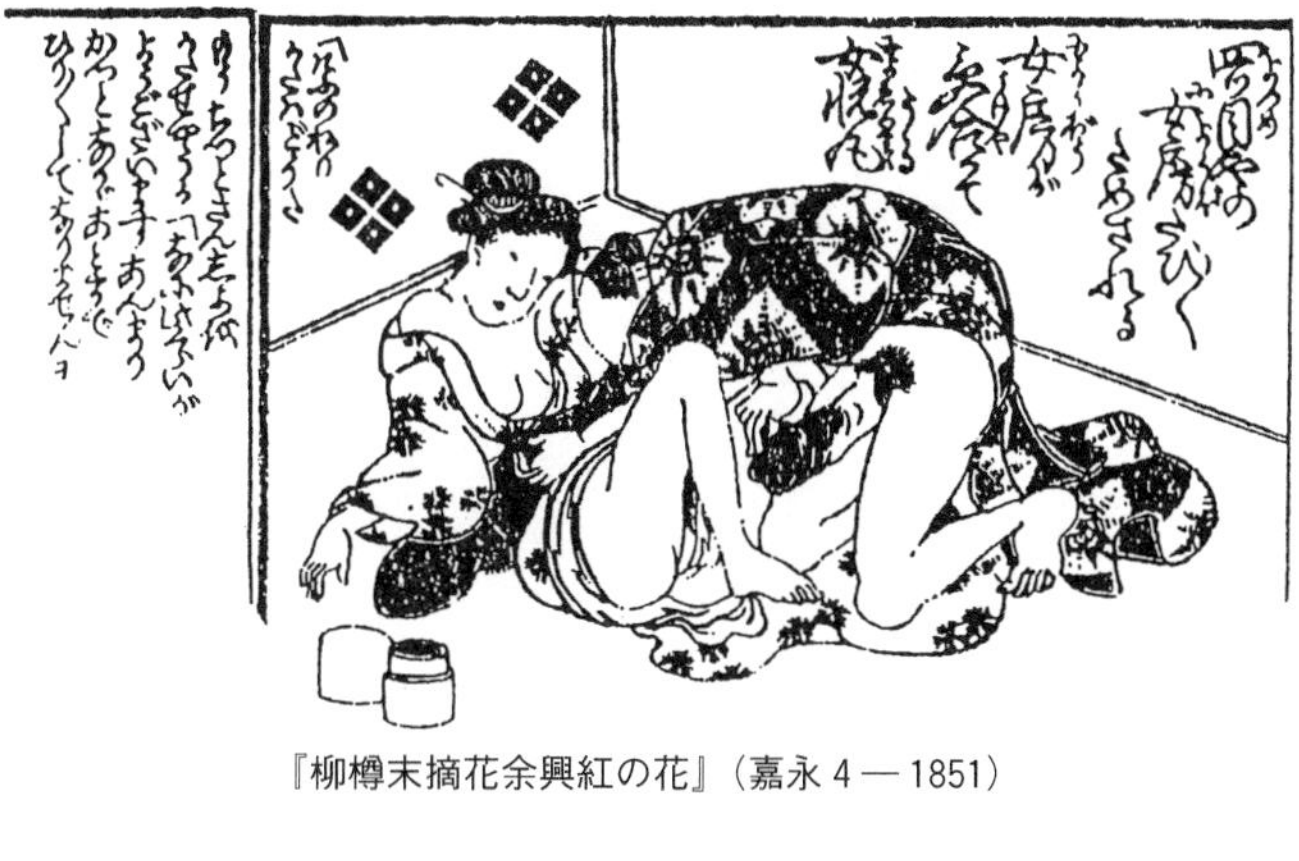

『柳樽末摘花余興紅の花』（嘉永４―1851）

女房「なに、此くらいがようございます。あんまりかつと、なかがあとまでひりひりして、なりませんョ」

とある。亭主は今日の女悦丸の練り具合を気にして、山椒をもっと加えようかと言い、それを体感した女房は、このくらいが丁度よいと述べている。あまり山椒を効かせ過ぎると、事後も膣内がひりつくと言っている。亭主の男根の半分以上に練り薬がべったりと塗られている。創意溢れた戯作であるが、その実態を類推させて興味深い。

五、世界に冠たる勃起薬「長命丸」

いよいよ、江戸の閨房文化の極点を述べることになる。

現代、バイアグラに群がる中高年の方々、江戸時代の漢方調合薬の素晴らしさを文面によって実感して頂きたい。

我が国では正徳年間（一七一三頃）には、塗布薬剤としてのバイアグラは実用化されていたのである。

そして江戸中期には、かの四つ目屋の代表的な商品として販売されている。

さて、次の古川柳を一読して、その内容が了解される御仁《ごじん》は、江戸の性愛文化の精通者と言っても過言ではない。

死にますの声に末期《まつご》の水を飲み（明四義10）

人の死に臨んで、その唇に水を注ぎ込むが、これを「末期の水」と称する。まさにこの句は、臨終における厳粛な場面を想定している。これが表意であり、真意は閨房の凄まじさを描いている。「死にます」というのは、交合の絶頂感の時に発する女の嬌声である。女が充分に愉楽に堪能したのを感得した男が、その時に水を一口嚥下《えんげ》する場面を捉えている。

つまり「長命丸」を男根に塗布して交合すると、硬直力が増大し、萎えることも無く、持続し続ける。そして、もう終了という時に、湯か水を飲むとそこで初めて射精に至るという。

さてもさても、かくも素晴らしい薬効が「長命丸」にはあったのである。四つ目屋が発行した口上書が残存しているので、それを転写することにする。分かり易いように適宜漢字を充てる。

阿蘭陀
秘方

長命丸

長崎　山崎佐五兵衛

此薬用《このくすりもち》ひやう、犯《おか》さんと思ふ一時《いっとき》前に、唾《つわ》にて溶《と》き、頭《かしら》より元《もと》までよく塗《ぬ》るべし。その時ひりひりとすべし。驚《おどろ》くべからず。交《まじは》る前に玉茎暖《たまぐきあたた》かになり申候。其時に湯《ゆ》か茶《ちゃ》か又は小便《しょうべん》にて洗《あら》ひ落《お》とし、女に交《まじは》るべし。此薬用《もちひ》て妙《みょう》は、玉茎暖《たまぐきあたた》かにして太《ふと》さ常《つね》に優《まさ》り、勢《せい》強くして淫精泄《いんせいも》るる事なく、心任《まか》せたるべし。玉茎、玉門の内へ入《いれ》、少し間《あい》を置き、そろそろと腰《こし》を遣《つか》へば、玉門すぼくして、いかほど慎《つつし》む女、又遊女にても、覚《おぼ》へず息荒《いきあら》く声《こへ》を上《あ》げ、腎水流《じんすいなが》れ悦《よろこ》ぶ事限《かぎ》りなくて、男を思ふ事年寄《としよ》るまで忘《わす》る事なし。一儀過《ぎす》ぎ間《ま》もなく二度めを好み、例《たと》へば腎水弱《じんすいよわ》き人、或は老人にても、此薬用候へば、心の儘《まま》に精力《せいりき》を調《ととの》へ無病《むびょう》にして、長命のつけたるべし。もし男、気を遣《や》らんと思ふ時、湯《ゆ》か水《みず》か唾《つわ》にても飲《の》むべし。其泄《そのも》るる事妙なり。惣《そう》じて水にて洗ふ事を忌《い》む也。

いかやうに若き女と交《まじは》る共、懐妊《くわいにん》する事なし。其義《ぎ》は男の淫精《いんせい》を保《たも》ち、女と一時《いちどき》に感通《かんつう》せざる故《ゆへ》なり。此法、あまねく多しと雖《いへど》も、年来御印覚へ畢。

右、長命丸ハ、先祖肥前長崎ニ於テ不思議伝受ヲ得タル也。寔《まこと》ニ要用ノ珍方也。元ヨリ漢文ニテ通ジ難キユエ、本朝平カナニテ見ヤスカラン事ヲ欲スル者也。

日本一　　　　両国やげんぼり

古来

本　家　　　　四目屋忠兵衛　印

これが口上書の全文である。熟読玩味して頂ければ、この妙薬の抜群の効能が了解されよう。この薬剤は、服用するものではなく、塗布剤である。交合の前に、この丸薬を口に入れて唾《つば》で溶かして、男根全体に塗布する。その時に「ひりひりと」した刺激があるが「驚くべからず」とある。男根が暖かくなったら、湯か茶か小便で洗い落とす。この薬剤の驚異的なのは、男根の「太さ常に優り、勢強くして淫精泄るる事なく、心任せ」という効能である。

そして抜き差しを行うと「玉門すぼく」（窄《すぼ》まって締まりよく）なって、女は愛液を流して歓喜絶妙に至る。さらに驚愕させられるのは、「腎水弱き人」や「老人」でもこの薬効で硬直さが調えられるという点である。現代のバイアグラに優るとも劣らぬ性能ではないか。

男がもうここで気を遣《や》ろうとする時には「湯か水か唾にても飲むべし」とある。するとたちまちに射精に至るという。しかも、相手の女と遂情が同時では無いので、決して妊娠することはないとしている。

さてさて、この薬の調合秘法を見ると、『閨中紀聞　枕文庫』初編（文政五―一八二二）に次のようにある。

丁子《ちようじ》　一銭

阿片《あへん》　一銭

蟾酥《せんそ》　一銭
紫梢花《ししようか》　一銭
龍脳《りゆうのう》　五分
麝香《じやこう》　五分

右七味、細末蜜にて練り、交合の半時ばかり前、亀頭に塗り、洗ひ落して行ふべし。其妙神のごとし。

薬学には不通であるが、この中で注目されるのは「蟾酥《せんそ》」である。これはヒキガエルの皮脂腺から分泌される毒素であるとされる。痺《しび》れさせる効能があって、皮膚などに塗ると感覚を鈍麻させるという。阿片と蟾酥あたりに、この薬剤の秘密があるのかと思われる。

価格であるが、著名な秘薬であったので、諸文献に見える。滑稽本『旧観帖《きゆうかんちよう》』（文化六―一八〇九）に、奥州から江戸見物に来た老婆が、四つ目屋の看板を見て、長生きする薬と思い込んで購入する場面があり、そこでは、

ばば「長命丸とやらァ何んぼだんし」

薬屋「ハイ、六十四文でも三十二文でも上げます」

というやり取りが記されている。何粒の丸薬が入っていたかは不明であるが、二種類の紙包みがあったようである。安蕎麦《そば》が一杯十六文であったことを基準にすれば、そんなに高価ではない。また、蛤《はまぐり》などの貝殻に入れて販売したものもあった。

ここまで精読した読者の方々には、次の句が即座にわかるはずである。

もう水を呑みなと女房堪能《たんのう》し（明三智4）

熟年夫婦の取り組みで、この秘薬を用いて、その効果を体感したのである。「もう水を呑みな」はアクメに至った女房の言葉である。

「提灯で餅を搗く」という状態の老人などは、この薬剤の恩恵を被ったらしく、

隠居《いんきょ》の妾《めかけ》長命で嬉《うれ》しがり（一〇八16）

と詠まれている。閨《ねや》の奉仕でお手当てを貰っている妾にとっては、勃起不能のままではいつ解雇されるか不安である。幸いに「長命丸」のお陰で完遂出来たので、その効能を賛嘆している。

六、バイアグラと同等「危檣丸《ほばしらがん》」

『狂詩諺解《きようしげんかい》』（天明七—一七八七）に、次の戯詩と文言がある。

長命主人ノ壁ニ題ス
世人 交《まじはり》ヲ結《むす》ブニ四目《よつめ》ヲ須《もち》ユ
四目塗《ぬ》ラ不《ざ》レバ悦《よろこび》深《ふか》ラ不《ず》
縦令《たとひ》洗濯シテ共《とも》ニ相穢《あいけが》ストモ
真《しん》ニ是悠々《これゆうゆう》タル快美《きをやる》ノ心《こころ》

長命丸元祖、明応年中にはじめて長崎へわたり、寛永年中御当地にて売はじむと、両国米沢町四ッ目屋招牌《かんばん》にみへたり。危檣丸《ほばしらがん》は至て近世のものなり。詩の心はいはずして解すべし。

この記述によれば「長命丸」は四つ目屋の主要商品として歴史があるが、「危檣丸」は新製品かつ専売品であることがわかる。四つ目屋の宣伝書によれば、

男根 危檣丸《ほばしらがん》
此薬一廻り御用ひ被遊候へば、いかほど弱き男根《なんこん》なりとも、精力《せいりき》を増し、もっとも御老人なりとも、心のままに強くする事、はなはだ妙なり。

とある。これは服用薬であるので、まさに閨房世界に冠たる江戸時代のバイアグラなのである。

この「危檣丸」を「一廻り」（七日間）服用すれば、陰萎的な老人でさえ男根が堅固に勃起して、意のままになるという。

男根がぴんと上向きに佇立《ちよりつ》した様子を「帆柱が立つ」などと形容するが、「帆柱丸」ではあまりに直截なので、故意に「危檣」としたのであろう。漢文的には「檣」は帆柱、「危」は高いという意である。

しかし、多くの艶本の中にも「危檣丸」の処方は見当たらない。四つ目屋は企業秘密として公開を憚《はばか》ったようである。

これを使用したことを述べた川柳には、

帆柱で一本つきのきやり声（七五27）

というのがある。材木屋にあった帆柱の用材が売れて、木遣りの歌声とともにそれを引き出すという情景である。これが表意。「危檣丸」を使って隆々と硬直した男根で突き回すので、女の方は気を遣って叫春の声を上げたというのが裏の真意である。

江戸の中期以降、性を楽しむための爛熟した性愛文化が花開き、現代人の想像を絶するような諸相があったのである。当時の数多くの艶本や色道指南書を繙《ひもと》くと、飽くなき実践と観察という臨床的（経験的）な処方が絢爛《けんらん》と述べられ、その深奥さに驚かされる。

好奇心に満ち、探究心に溢れた御仁は、我が国の色道奥義書に記録されている、これらの薬剤を再現してみてはいかがであろうか。しかし、色道に励んだ先人たちは、

鍔《つば》の無い薬研《やげん》でおろす腎《じん》の臓《ぞう》（一六四）

という示唆を残している。薬研は鉄製で、形状が中窪の紡錘形をしているので、江戸の庶民たちは女陰の形に準《なぞら》えている。この女陰型の受け器と、それに落し入れて回転させて押し砕く、軸の付いた扁円状の車輪様のものがあるが、それを「鍔」と称している。「鍔の無い薬研」は女陰そのものの比喩である。この句は単なるコイツスの抜き差しを述べたバレ句ではなく、ぎしぎしと押し込んで動揺させているうちに、知らず知らずに「腎の臓」（精液の生成臓器と思われていた）を擦り減らしていることを弁《わきま》えよという教訓なのである。

薬研

（注）本書に引用した古川柳や句は、「柳」は『誹風柳多留《はいふうやなぎだる》』、「末」は『誹風末摘花《はいふうすえつむはな》』、それに続く漢数字は巻数を表し、「宝暦」「明和」「安永」「天明」の年号は万句合《まんくあわせ》の発刊年を表し、その他『誹諧武《む》玉川《たまがわ》』『誹風柳多留《はいふうやなぎだる》拾遺《しゅうい》』『川傍柳《かわぞいやなぎ》』『誹風神《かみ》の田《た》艸昌湯樽《ぐさしょうゆだる》』『しげり柳』等から引用した。

初出一覧

第一章　第二章

『江戸の色道（下）・女色篇』（蕣露庵主人著・平成八年十二月葉文館出版刊）を再編集

第三章

「江戸のバイブレーター『張形』の御利益」（『新潮45』平成十一年五月号）

第四章

「江戸のバイアグラ」（『新潮45』平成十一年一月号）

図版所蔵

千葉市美術館　92ページ下、98ページ

東京都江戸東京博物館　105ページ上

『〈改訂新版〉川柳春画志』（花咲一男著・平成十五年八月太平書屋刊）より引用　99ページ下、113ページ下、115ページ上、119ページ上

新潮選書

江戸《えど》の性愛術《せいあいじゅつ》

著　者………………渡辺信一郎《わたなべしんいちろう》

発　行………………2006年5月25日
16　刷………………2013年5月15日

発行者………………佐藤隆信
発行所………………株式会社新潮社
〒162-8711 東京都新宿区矢来町71
電話　編集部 03-3266-5411
　　　読者係 03-3266-5111
http://www.shinchosha.co.jp
印刷所………………錦明印刷株式会社
製本所………………株式会社大進堂

ISBN978-4-10-603564-7 C0339

中国の性愛術　土屋英明

男女の交わりはすなわち宇宙が万物を生み出す「天地陰陽交合」の営みである！　中国三千年の知恵、漢式ハウツー・セックス＝房中養生気功法を伝授する。《新潮選書》

江戸のおトイレ　渡辺信一郎

今から150年以上前、江戸っ子はどんな風にシテいたのか？　リサイクル都市・江戸に住む庶民の〝排泄文化〟を、古川柳と珍しい絵図によって明らかにする。《新潮選書》

江戸の閨房術　渡辺信一郎

「玉門品定め」から、前戯、交合、秘具・秘薬の使用法まで。色道の奥義を記した指南書をひもとき、当時の性愛文化を振り返る「江戸のハウ・ツー・セックス」。《新潮選書》

川柳のエロティシズム　下山弘

巧みに仕掛けられた粋とユーモアとエロティシズム……浮世絵の春画のように密やかに愛好され、江戸人士たちを狂喜させた「ばれ句」の展開を徹底的に評釈。《新潮選書》

万葉びとの奈良　上野誠

やまと初の繁栄都市、平城京遷都から千三百年。天皇の存在、律令制の確立、異国との交流がもたらしたものは。万葉歌を読みなおし、奈良の深層を描きだす。《新潮選書》

武士道と日本型能力主義　笠谷和比古

厳格な身分社会と思われていた江戸時代に、家臣が藩主を更迭したり、下級武士が抜擢される能力主義が機能していた。日本型企業のルーツを探る組織論。《新潮選書》